一人商业模式

芙朗 —— 著

苏州新闻出版集团
古吴轩出版社

图书在版编目（CIP）数据

一人商业模式 / 芙朗著. -- 苏州：古吴轩出版社，
2025. 1. -- ISBN 978-7-5546-2545-3

Ⅰ．F71

中国国家版本馆CIP数据核字第20248Y6C84号

责任编辑：顾　熙
见习编辑：张　君
版式设计：林　兰
装帧设计：刘孟云

书　　名：一人商业模式
著　　者：芙　朗
出版发行：苏州新闻出版集团
　　　　　古吴轩出版社
　　　　　地址：苏州市八达街118号苏州新闻大厦30F
　　　　　电话：0512-65233679　　邮编：215123
出 版 人：王乐飞
印　　刷：天宇万达印刷有限公司
开　　本：670mm×950mm　1/16
印　　张：12
字　　数：144千字
版　　次：2025年1月第1版
印　　次：2025年1月第1次印刷
书　　号：ISBN 978-7-5546-2545-3
定　　价：49.80元

如有印装质量问题，请与印刷厂联系。0318-5302229

目录

第一章 什么是一人商业模式

1.1 从传统商业模式到一人商业模式的转变　002
1.2 在数字化时代下，这些门槛已不再是阻力　006
1.3 开启一人商业的三大基本条件　010
1.4 告别"打工人"思维模式，做自己的老板　014

第二章 自我价值探寻，迈出人生规划的第一步

2.1 自我认知：三个策略助你了解自我　020
2.2 他人眼中的你，也许和你想象的完全不同　024
2.3 增值自我，全方位展开人生蓝图　028
2.4 找到并激发你的内在动机　031
2.5 没时间复盘、规划？其实是时间管理不到位　035

第三章 如何选择领域，找到商业之路

- 3.1 找到风口，做那只"起飞的猪" 042
- 3.2 自我定位，适合的才是最好的 045
- 3.3 目标群体定位：我要讲给谁听 048
- 3.4 内容定位：我该说些什么 052
- 3.5 平台渠道定位：这些内容适合在哪里说 055

第四章 互联网浪潮下，属于普通人的风口在哪儿

- 4.1 新媒体平台的发展现状与变现模式 062
- 4.2 利用社交媒体平台，输出你的想法 066
- 4.3 电商经济下，每个人都可以开一家小店 069
- 4.4 没有货源怎么办？代销模式的优劣分析 073
- 4.5 人人都是老师，付费学习的兴起 077
- 4.6 互联网小任务变现，灵活利用碎片时间 080

第五章 再小的自媒体，也能轻松变现

- 5.1 八个通路，精准引流目标群体 086
- 5.2 内容创作与粉丝经营 090
- 5.3 成功的自媒体人的案例分析 093

第六章 做电商的底层思路——洞悉市场趋势

6.1 开设个人网店的步骤与技巧 098
6.2 如何选择与推广热销产品 101
6.3 电商卖的，不只是实物产品 105
6.4 电商平台的运营变现技巧 107
6.5 电商运营中的数据分析 111
6.6 电商创业成功的案例分析 115

第七章 个人咨询与在线教育

7.1 个人咨询服务的市场需求 120
7.2 如何打造个人品牌与专业形象 124
7.3 在线教育平台的选择与课程设计 128
7.4 通过网络授课实现收入增长 131

第八章 打造高价值付费社群

8.1 社群经济的兴起与发展 136
8.2 如何创建并维护高价值社群 139
8.3 付费社群的变现模式 142
8.4 社群团购与私域流量的运营 145

第九章 个人IP打造与品牌塑造

9.1 什么是个人IP　　　　　　　　　　　　　150

9.2 如何选择合适的领域与方向　　　　　　　153

9.3 从兴趣到职业：变现之路　　　　　　　　157

9.4 形象包装：宣传的本质是包装升级　　　　160

第十章 小本经营与"网红"打卡地

10.1 小本经营的创业模式　　　　　　　　　　166

10.2 如何结合线上、线下资源　　　　　　　　170

10.3 打造特色"网红"打卡地的方法　　　　　173

10.4 小型餐饮店、美容院、花店等案例分析　　179

第一章 什么是一人商业模式

1.1 从传统商业模式到一人商业模式的转变

在这个日新月异的时代，经商对于我们每个人而言，不再是遥不可及的话题。曾经，我们更多依赖于传统商业模式，即在企业中谋求一份安稳的岗位，通过固定时长的工作来换取工资。然而在今天，越来越多的人踏上了自主创业、自己当老板的旅程。而且其中一部分人是靠自己一个人的力量，形成完整的商业模式，真正实现"自己给自己打工"这一梦想。这便是一人商业模式。

互联网在飞速发展，自媒体行业也涌现出诸多机会，这为个人品牌的打造提供了优渥的生存土壤，也让我们拥有了可以单人作战的可能性。

想涉足一人商业？想少走弯路？先来将一人商业模式和传统商业模式做个对比吧！

先来说说自由度。在传统商业模式里，我们的角色和职责都被严格定义，得按规矩办事，层级管理严格。但在一人商业模式里，我们拥有最大的自主权和自由度，工作时间、地点、方式都由我们决定，不受束缚。

由于自由度的不同，两种模式下的业务决策速度也不同。在传统商业模式里，决策通常较慢，需要层层审批。但在一人商业模式里，我们可以快速决策，抓住市场机会，不必等待批准。还有，在传统商业模式里，沟通成本高，但在一人商业模式里，这种问题就很少了。

当然，传统商业模式也有其好处，它能为工作的人提供稳定的收入和福利。而在一人商业模式里就得我们自己承担全部责任和风险，需要处理所有业务，包括财务管理、市场营销等。这需要我们具备较强的决策和应变能力。

最后说说品牌打造。在传统商业模式里，有团队负责品牌形象，但在一人商业模式里，我们就得自己来了。我们需要通过个人网站、社交媒体等渠道展示自己的专业能力，吸引用户和合作伙伴，并建立长期稳定的用户关系。

了解了传统商业模式与一人商业模式的区别之后，我们再来谈论为何要冒着自负盈亏的风险，选择一人商业模式。

事实上，在这个快速变革的年代，任何传统商业模式中的工作都不再是铁饭碗，裁员潮往往会在意想不到的时候来临，而为了不被时代的洪流所淹没，拥有自主运营、独立谋生的能力就成为非常重要的事，它会带给我们自信，也会带给我们经济独立的底气与自由。

一人商业固然有其风险，但它的优势也是显而易见的，我们可以简单总结为以下几点：

①灵活应对市场变化：技术和市场的快速发展使得传统行业面临巨大的变革和挑战。一人商业模式可以更灵活地应对市场变化，

快速调整服务或产品，迎接新的机遇和挑战。

②激发创意：一人商业模式往往能激发更多的创意。独立经营者不受传统企业内部的制约，能够更自由地实践新想法，推动行业发展。

③以个性化服务赢得用户口碑：在一人商业模式里，我们可以更加关注个性化服务和建立深度的用户关系，这种亲密度和关怀度往往比大企业更能赢得用户的忠诚度和口碑。

④获得职业满足感：独立经营者能够追求自己的事业理想和生活目标，享受到由此带来的成就感，这种职业满足感对于提升个人的心理健康和激发工作动力非常重要。

⑤降低运营成本：由于只有一个人参与，可以大幅减少人力成本和运营成本，创业门槛低，启动资金少，这使我们每个人都有机会创业。

⑥多样化收入和经济安全：拥有多样化收入可以带来更大的经济安全感。在一人商业模式里，我们可以同时开发多个收入来源，降低单一收入来源的风险。

⑦全球化和数字化的机遇：互联网和数字技术使得全球化合作和市场触达变得更加容易，个人可以通过网络平台和远程工作方式，与全球用户和合作伙伴建立联系，扩展业务范围。

如今，已经有越来越多的人看到了一人商业模式的优势，并且勇敢地告别传统企业里的安稳，迈出全新的一步。

薇薇是一名备受欢迎的独立摄影师。她曾经是某名牌大学的高材生，硕士毕业后，先是中规中矩地进入传统医疗行业工作了几年。但在这几年里,她的内心深处一直怀揣着对摄影的热爱,最终,她决定放下传统的打工赚钱模式,从医院辞职,成为一名独立摄影师,从头开始打拼,一个人负责完整的品牌建立、运营宣传、作品拍摄等工作。

薇薇在微博上分享着自己的摄影作品和创作故事,逐渐获得了许多忠实的粉丝。独特的视角和对美的执着追求让她的作品备受瞩目,吸引了越来越多的粉丝。

在一人商业模式里,薇薇得以摆脱传统商业模式的桎梏,从而能够自由地表达自己的创意和想法。她能够灵活地安排拍摄时间,根据用户需求定制个性化的摄影方案,从而赢得了更多的商业机会,并得以在自己热爱的摄影艺术世界里自由飞翔。

通过积极利用社交媒体和网络平台,薇薇建立了自己的品牌形象,与粉丝和潜在用户进行互动,不断扩大自己的影响力和业务范围。她还通过小红书、微博、微信公众号等平台,在全国范围内寻找新的合作伙伴和交流机会,甚至逐渐得到一些明星的青睐,接拍明星写真,为自己的摄影事业开拓更广阔的领域。

从传统商业到一人商业的转变,并不仅仅是工作方式的改变,而更接近于人生的跨越。当我们迈出这一步,怀抱着热情和勇气迎接未知的挑战,人生便增添了更多的机会与可能。不过只有热情和勇气还远远不够,接下来,我们将一同探讨要如何才能成功实现一人商业模式。

1.2 在数字化时代下，这些门槛已不再是阻力

当尝试从传统商业转型为一人商业时，我们总会难以避免地遇到一些阻碍，这些阻碍自然而然地成为入行的门槛。

首先是缺乏专业知识和技能。传统企业的工作者往往只专注在单一技能领域，例如项目管理、市场营销、财务、运营等，但是独立做自媒体却需要一个人具备多元综合的能力，既要有品牌打造与宣传、产品定位策划、产品交付、运营推广等核心能力，又要熟悉财务流程、技术对接等方方面面的内容，并且还要熟练掌握自媒体运营所需的技能，比如社交媒体的使用技巧、内容营销的策略、SEO（搜索引擎优化）基本原则等。这些技能在企业里的任何一个岗位都是无法完全覆盖的，因此转型为一人商业模式时，就需要我们有强大的学习能力，付出足够多的精力去学习和适应，这也加重了我们的时间压力，我们不仅要努力学习新知识，还需要留有足够的时间打理日常业务。

其次是竞争压力以及财务方面的风险。一人商业模式不像传统企业需要办理复杂的手续和各类执照，近几年自媒体兴起，每年都

有大量人员涌入业界，想要在如此激烈的竞争环境中脱颖而出并不是一件容易的事，我们需要承受较大的压力去面对挑战，另外也要承担收入不稳定的风险。

此外，对于法律法规的了解和解读也是一道门槛，很多人之前在企业里工作，企业往往配有专门的法律顾问或合规部门，因此普通员工只需要按照公司的规定完成任务即可，无需担心合规方面的隐患。但转型成一人商业模式后，则需要我们自己主动去了解行业相关的法律法规，并仔细思考哪些行为是合规的，哪些则存在风险，在规避违规问题的基础上思考如何运营得更好。

最后不得不提一个无形的门槛，那就是孤独感。人是社会性的动物，也许在传统商业模式下我们时常会觉得人际关系带来许多烦恼，但当我们脱离企业环境，长时间单打独斗时，内心是很容易产生孤独感的。能够忍受这种孤独感，甚至享受自我成就的孤独感，这也成为自媒体人的入行标准之一。

那么，上述的种种门槛一定会成为我们转型的障碍吗？其实不然，因为在如今这个数字化时代，很多问题都有了相应的解决方式，只要善用数字化信息与互联网，多加尝试，重重困难往往就能够迎刃而解。接下来，我们从以下三个方面介绍数字化信息如何帮助我们：

1. 更便捷的信息获取途径

互联网犹如当今社会的共享图书馆，蕴藏着各行各业丰富的知识。转型初期，我们有很多不熟悉的技能和信息需要学习、获取，数字化技术的发展给我们带来了许多便利，现在我们不仅可以通过互联网搜索所需要的信息，也可以在网上访问专业的资讯平台和知识论坛。另外，随着 AI 技术的兴起，现在我们也可以借助 AI 的力量，更加便捷地完成信息查找与梳理。

在法律法规方面，数字化技术也能够给予我们足够多的帮助。我们可以通过互联网了解当地的法律法规，并参考其他人的成功经验，提前识别潜在的风险，并拟定风险规避计划，从容应对。

2. 提升效率的工具和平台

随着技术的不断发展，目前市面上有很多工具和平台可供创业者日常使用，这些工具涵盖了工作的方方面面。

拿自媒体工作者举例，在内容创作领域：剪映、度加剪辑等工具能够辅助我们快捷地完成视频剪辑，文案句子、悦图文案等工具可以帮助我们生成推广文案，创客贴、图怪兽、稿定设计等工具可以帮助我们设计精美的海报。

在营销推广方面：我们可以借助微信公众号、小红书、抖音、快手等社交媒体平台，快捷且全方位地展示个人品牌，而无需全部依赖线下。

此外，成熟的电子商务支付系统和记账应用也为财务管理带来了极大的便利性，减少了手工记账的时间。

3. 社群互动与精准营销

传统商业模式下，企业往往需要在比较正式的场合和合作伙伴进行谈判研讨，从而敲定合作意向。但在如今这个数字化时代，网络社群的大量兴起，社交平台的流量暴增，这些都促进了创业者与目标用户的交流。

通过数字化工具，我们可以收集和分析用户数据，了解用户画像和用户使用行为习惯，从而将特定的产品推送到特定的人群面前，有针对性地宣发，实现精准营销的目的。此外，数字化营销平台还能够支持多渠道营销和互动，在获取客源之后，我们可以建立线上社群，长期与用户保持互动，以此来全方位了解用户需求，随时调整营销及产品策略，实现即时互动和个性化关怀。

更重要的一点，社群及社交媒体能够帮助我们摆脱一人商业的孤独感，虽然是通过网络与人交流，但我们仍然能够感觉到自己身处于这个社会当中，人与人的沟通碰撞也能够更好地激发创新灵感，推动我们不断寻找新的方向。

从上述种种不难看出，在数字化时代，一人商业模式的很多门槛都已经不足为惧。我们应当抱着"知己知彼，百战不殆"的态度识别出那些阻碍，再通过种种新技术手段将它们一一击破，迎难而上，持续前行。

1.3 开启一人商业的三大基本条件

虽然如上文所述——数字化手段的普及确实降低了一人商业的门槛，使得越来越多的人可以在家创业，实现自我价值。然而，想要真正开启并成功实现这种一人商业，并非一件简单的事。科技是柄双刃剑，它在为我们带来便利的同时，也会让我们迷失在其中……

我们是否有过这样的经历：

想要了解某件事情，去网上一搜，结果发现众说纷纭，不知道到底该相信谁。

说好下午六点半放下手机开始做家务，结果一直刷抖音到半夜。

…………

因此，想要开启一人商业，我们不仅要学会如何利用现代技术，还需要具备一些基础的条件才行，否则我们的创业之路将会困难重重。

那么，这些基础条件都包括哪些呢？主要包括以下三个方面：

1. 必要的专业技能和行业知识

我们要说明的是：每个人都不是全才，不可能掌握所有的技能与知识，所以在这里我们所说的"技能和知识"指的是在自己所从事的行业内，必备的各类专业能力和相关领域的知识。毕竟打铁还需自身硬，想要顺利开启一人商业，一无所知可不行。

首先，我们需要至少掌握一个核心的技术类技能，如产品设计、编程技术等，这可以帮助我们解决实际问题，打造具有核心竞争力的产品，这是我们开启一人商业的基础。

其次，酒香也怕巷子深，没人知道我们的产品自然就没人来买单，所以我们也需要有一些基础的市场营销能力，这包括市场调研、品牌推广、社交媒体运营等，让我们得以有效地推广自己的产品。

然后，我们还需要具有优秀的用户服务意识，比如处理用户问题和反馈的能力。想象一下：在购买同类商品时，我们更愿意去服务热情的店铺购物，还是更愿意去客服态度消极的店铺呢？在一人商业模式中，我们往往是单打独斗的，没有客服这个角色的帮助，因此更要把用户服务意识放在自己的心间，以提升用户满意度和忠诚度。

最后，就是基本的财务知识和预算管理能力了，这个能力可以确保我们的业务在健康运转。也不要把这个想得太复杂，在商业开展前期，我们能够简单地计算出成本投入及预期回报，做到不过于亏本即可。

2. 创新能力

除了满足开展商业的基础技能外，想要获取更多的收益，我们还需要具备一定的创新能力。这种创新能力是指在商业模式、产品设计和服务方式上具有独特性和新颖性，毕竟在当今高度同质化的市场中，只有那些独特的产品和服务才能吸引用户的注意力，为我们的产品付费。

这不是意味着拥有一个好点子就行，而是我们要有将这个点子转化为有市场需求的产品或服务的能力。在设计独特的产品时，可以从以下几个方面考虑：

①商业理念：独特的市场定位或商业模式。例如，在 AI 刚兴起时，大家都在零零散散地发布一些 AI 工具的使用教程，虽然获取到了一些粉丝，但是并不能及时变现。这时，就有一部分人瞄准了这个市场，直接售卖 AI 工具的账号，做到了快速变现。同时，还有一部分做过讲师的人，将 AI 与自身现有的课程体系结合，提供了进阶版的课程，也吸引到了流量，产生了不少收益。

②产品设计：与众不同的产品特性、外观设计或独特的功能。不过，世界上有这么多天才，我们能想到的特殊设计，可能早就被别人创造出来了，所以我们可以"取巧"——将常规的东西结合起来，自然就能做到创新了。比如无线充电宝很常见，台灯也很常见，那如果将它们结合一下呢？就是一个可以给手机无线充电的台灯！它可以减少床头的充电线数量，让桌面变得整洁；同时，对用户来说也很方便——晚上开台灯读书时，将手机随手放在床头就可以充电了。

③服务方式：提供超出用户期望的服务体验。例如，淘宝店铺里提供打印奖状服务的商家有很多，但是很多用户来打印前可能并没有做好奖状的设计工作，我们的店铺如果能够提供这种额外的奖状设计服务，相信一定能在同类店铺中脱颖而出。

3. 时间管理能力

时间管理在进行一人商业时显得尤为重要，毕竟这不像在公司上班时，有固定的考勤时间、deadline（最后期限）、领导的监督等来让我们完成工作。更多时候，我们需要自己合理分配精力、高效地利用时间。

有效的时间管理可以提高工作效率，确保重要任务得到及时完成，避免因拖延或忙乱而影响工作质量。同时，合理的时间安排还能帮助我们保持工作与生活的平衡，避免因过度工作而引发身心疲惫和健康问题。

时间管理能力主要包括以下几个方面：

①优先级管理：确定任务的重要性和紧急程度，合理安排时间；

②日程安排：制订每日、每周、每月的工作计划；

③自我监督：定期检查工作进度，及时调整计划；

④工作与生活平衡：确保工作与个人生活之间的平衡，避免过度劳累。

王店长就是这样一位有备而来的创业者。在产生开启一人商业的想法后，他先仔细思考了一下自己的爱好，发现自己对3D打印技术比较感兴趣,并且对首饰行业较为了解,于是他就定下了自己的创业方向——设计并销售个性化的 3D 打印首饰。

在开店之前,王店长制订了一份详细的计划:首先,他系统地学习了 3D 打印技术,并购入了相关设备;然后,他又学习了开网店的流程步骤,进修了一些运营推广的技巧;最后,他进行了市场调研,打造了一批初期的样品。这些计划完成之后,他就开始开店了。

3D 打印首饰这个想法既满足了市场的个性化需求,同时又具有独特的创意,这吸引来了大批有个性、想要定制独一无二的首饰的用户,王店长的店铺因此迅速火爆起来,大获成功。

通过王店长的例子我们不难看出,一人商业的成功不仅依赖于数字化工具和手段,还需要创业者具备专业技能与行业知识、创新能力及时间管理能力,这些是开启一人商业的关键,缺一不可。

1.4 告别"打工人"思维模式,做自己的老板

我们如果已经满足上述的三大基本条件了,接下来要做的,就

是扭转我们固有的思维模式了。

事实上，随着一人商业模式的兴起，越来越多的人开始探索如何从传统的"打工人"的角色转变为自主创业的老板的角色。然而，这一转变不仅仅是职业身份的改变，更是一种思维模式的全面革新。那么，什么是"打工人"思维模式呢？

这是一种受限于传统职场环境的思维模式，主要特征包括以下几点，我们可以试着"对号入座"一下，看看自己中了几条：

①被动工作：依赖领导发布的指令和任务分配，缺乏主动性和创新精神；

②思维僵化：安于现状，停留在自己的舒适区内，不愿意接受新事物和挑战；

③只关注短期目标：关注眼前的工作任务和薪水，缺乏长远的职业规划；

④安全依赖：依赖于公司提供的稳定环境和薪资，缺乏独立生存和发展的能力。

当然，这种思维模式不能说就是完全错误的，但在一定程度上会限制个人的发展，使人们难以适应快速变化的商业环境，从而错失新的机会。正如一个守株待兔的农夫，固守着安全但有限的现状，无法主动出击，寻求更大的发展和成功。

因此，摆脱"打工人"思维模式是实现自主创业的关键。只有打破这种思维模式，才能培养出创业所需的主动性、创新能力和独立思考的习惯，进而在创业过程中不断突破自我，轻装上阵，自由探索未知的前方。

那么与之相对的，所谓老板思维模式是什么样的呢？其实这指的是一种自主、创新和全局性的思维模式。比如，他们会积极寻找和创造机会，而不是等待机会，还会不断思考如何改进和创新，寻求差异化竞争优势。此外，在自我管理方面，他们具备独立决策和自我管理的能力，能够有效应对挑战和风险，并且有着明确的长期目标和发展计划，更加关注可持续发展。

这种思维模式会让人变得像一个探险家，拥有开拓新领域的勇气和智慧。拥有老板思维的人不仅能够在复杂多变的市场环境中游刃有余，更能在不断的挑战中找到新的机会，开辟新的发展道路。

我们普通人想要培养这种思维，该怎么做呢？下面这两个人的例子或许能给我们答案：

小华原本是一家大公司的中层技术管理人员，尽管有着稳定的收入和不错的职位，但他认为打工不是长久之计，所以一直有一个自主创业的梦想。不过小华没有在一时冲动下就裸辞，而是在辞职之前，认真评估了自己所拥有的技能、知识和资源，制订了一份详细的创业计划。

在工作之余，他开始小规模试水，承接了一些独立开发程序的项目。在了解完整个业务流程后，确定了自己的目标用户，并调研了他们的需求，开发了一款很有创意的手机应用程序。随着该应用程序的发布，他邀请了之前的受访用户们前来体验，经过几轮的建议收集、迭代更新后，小华逐渐扩大了业务范围，最终成功转型为一名自主创业者，实现了自己的创业梦想。

而他的同事小马就没有这样幸运了。小马在没有充分准备的情况下就辞去工作，投入全部积蓄开了一家咖啡馆。然而，他缺乏相关的管理经验和市场调研，选址不当、经营不善，最终导致咖啡馆倒闭，蒙受了巨大的经济损失。

小马失败的教训提醒我们，创业需要充分的准备和科学的规划，不能盲目行动。而小华成功的经验则为我们培养老板思维模式指明了一些方向，我们可以按以下几步来做：

1. 评估自身能力和资源

有老板思维的人往往不会冲动行事，在开始行动前会通过评估自身的能力和资源，明确自己的优势和不足，为制订转变计划提供科学依据。

首先，我们可以分析一下自己已有的技能和知识，识别出需要提升的领域；其次，我们还需要了解自己的财务状况、人脉资源和其他可用资源。比如，可以通过朋友、家人和同事的帮助，获取创业初期所需的资源和支持。

2. 制订可行的转变计划

我们可能经常为自己制订计划，如三个月开口说英语、五天读完一本世界名著等，但是完成的目标又有多少呢？

所以，制订计划其实也需要一些小技巧。通过制订详细的转变计划，可以明确前进的方向和路径，为实现自主创业提供科学指导。

在设定目标时，我们需要明确短期目标和长期目标，确保目标具体、可量化和可实现。比如，可以设定一个在两年内实现盈利的目标，并细化每个月的收入和支出计划。而在制订计划时，我们要全面思考，行动计划需要尽可能详细，包括学习新技能、拓展人脉、筹集资金等；同时，我们也要合理安排自身时间，确保每一步都能按计划进行。

3. 逐步实施

在实施阶段，我们可以使用"小步快跑"的方式，即小规模试水，给自己留出快速试错的空间。比如，先不要放弃自己的主业，而是在工作之余尝试创业项目，积累经验和教训。

同时，我们也要根据实际情况不断调整计划，保持灵活性和适应性。当准备充分时，也要果断正式启动创业项目，全身心投入其中。

从"打工人"到老板的转变不仅是职业身份的改变，更是思维模式的革新。以上这些方法，可以帮助我们为自主创业之路打下坚实的基础。

振翅高飞的雄鹰，只有敢于冲破风暴，才能飞得更高、看得更远；一把剑，只有经过反复打磨和淬炼，才能在关键时刻发挥出巨大的威力。有时候"打工人"思维模式恰恰是束缚个人发展的枷锁，只有摆脱这种思维模式，我们才能真正释放自己的潜能，开创属于自己的事业和未来。

第二章 自我价值探寻，迈出人生规划的第一步

2.1 自我认知：三个策略助你了解自我

"我是谁？""我从哪儿来？""我要到哪儿去？"是人生三大哲学问题。人生是一场充满奥秘和哲学反思的旅程，在每个人的成长故事中，我们总会在某种程度上思索自己的意义和生命的目标。

杨绛是中国现代著名作家，她的人生经历充分体现了了解自我的重要性。在她的作品中，杨绛多次强调自省和自知的价值。她说："我们曾如此期盼外界的认可，到最后才知道，世界是自己的，与他人毫无关系。"这种深刻的自我认识使她能够在动荡的社会环境中保持内心的平和，成为一个独立思考、不轻易受外界影响的人。

这就引出了一个重要的问题：我们为何需要了解自己？

因为自我认知是做出人生选择的基础，无论是职业规划、事业发展，还是人际交往，如果自我认知不够清晰，那我们就很容易做出错误的判断。毕竟，我们如果不了解自己，那又怎么能确定我们的选择适合自己呢？

"甲之蜜糖，乙之砒霜。"对于一些人来说，拥有一份安稳的工作可能是理想的选择，但对于另一些人来说，这些可能反倒是痛苦和折磨。只有了解自己容易在哪些方面遇到挑战，我们才能提前防范；只有清楚自己擅长什么，我们才能有意识地加以利用。

自我认知的过程是每个人在生活和事业中都必须经历的。尤其是在一人商业中，准确的自我认知可以帮助我们更好地规划职业发展、定位市场需求、打造个人品牌。如果对自己不够了解，别说取得商业成功了，在事业的开展阶段就会寸步难行。

了解自我是成功开展一人商业的基础。自我认知不仅仅是对自己能力和特质的简单了解，更是一种深层次的自我探索。下面就以小李的亲身经历为例，给大家介绍三个实用的小妙招，帮助大家更好地认识自己，成为生活的掌舵人。

1. 反思日记：记录与思考

小李是一家大公司的一名普通员工，经常要写日报、周报、月报，但大家写的往往是一些流水账，或是跟领导表明态度的口号。小李觉得这简直是在浪费自己的时间，于是她暗下决心："我绝对不写流水账和没有实际作用的口号！"这样的想法，正体现了小李对自身有清晰的认知。

时间一天天地过去了，对接不同水平的供应商让小李渐渐焦头烂额。为了让自己不再踩坑，她秉承着好记性不如烂笔头的原则，每天下班后花十五分钟写反思日记，记录当天遇到的每一个难题。

一段时间过后，小李渐渐发现自己在压力下容易产生对工作的抵触情绪，于是她着手调整自己的想法，她这颗公司的小小"螺丝钉"也变得越来越紧实。

当然，日记只是进行反思的一种方法。不论用哪种方式，我们都需要定期花时间思考自己的行为、决策和情感，问自己一些问题。比如："我为什么会产生这种情绪？""我的行为背后的动机是什么？""我是否达到了自己的目标？为什么？"

通过反思，我们能够更好地了解自己的内在驱动力和行为模式。除了在工作方面以外，在生活中我们每天也会遇到各种各样的挑战，对这些经历进行深入反思，对我们理解自己的行为模式和情绪反应是非常有帮助的。

2. 社交反馈：了解他人的看法

小李性格开朗、办事麻利，在职场中很受欢迎。但通过写反思日记，她感觉到自己的演讲技巧还不够好。为了验证这条信息的准确性，她下定决心要在下次演讲后收集同事们的反馈。

小李的调研范围很广，从部门领导到实习生，只要是听过她演讲的人她都去收集了意见和建议。结果发现，大家普遍认为她的演讲条理很清晰，也富有激情，只是演讲速度太快了，信息点之间的衔接比较生硬，让人听完觉得虽然很有道理，但难以消化。

这次调研让小李意识到，自己在演讲方面其实做得很出色，只需要稍微调整演讲节奏就可以了。于是，接下来她每周都会安排固定的时间，认真地研究 TED 演讲。

山本耀司曾经说过:"'自己'这个东西是看不见的,撞上一些别的什么,反弹回来,才会了解'自己'。"正如这句话所言,有时我们自己很难全面地看待自己,而周围人的观点可以为我们提供新的视角。在探索创业之路时,也不妨多问问身边人的意见和建议,或许能给我们指明一些从未设想过的方向。

3. 尝试新事物:挖掘自我潜能

小李虽然性格很好,但是身体状态一直欠佳。长此以往,她就认为自己不擅长运动,一到周末,就宅在家里看剧、吃外卖。直到一次公司的电梯坏了,爬五层楼让她累了好久,她才意识到:自己的身体状态需要有所改变了。

在朋友的鼓励下,她尝试了锻炼心肺和核心力量的攀岩,出乎意料的是,她不仅享受攀岩带来的乐趣,还发现了自己对制定策略和挑战体力极限的热爱。这次经历让她意识到,自我设限往往会阻碍人认识真正的自我。

马斯洛在需求层次理论中提到,自我实现是人类需求的最高层次。尝试新事物是开发潜能、实现自我价值的重要方式。年轻人往往充满好奇心和探索欲,尝试新事物可以发现自己未知的兴趣和潜能,而新活动往往意味着结识新朋友,这些新朋友可能来自不同的背景,拥有不同的经历和视角,从而丰富我们的人生体验。

通过以上这三个策略,我们可以逐步建立起对自身的深刻了解,并在此基础上做出更适合自己的选择。正如小李的故事，每个人都有能力发掘出自己的独特之处，并在生活的各个方面取得成就。

生活中类似的例子更是无处不在，比如自己在朋友聚会上的自然表现，或是在选择餐厅时的小纠结，都是了解自己的好机会。每一次的选择和反应，都在无声地告诉我们：我们是谁，我们喜欢什么，我们擅长什么。在这个过程中，没有对和错，只有真实的自我。勇敢地面对自己的不完美，接受并爱护真实的自己，我们会发现，了解自己是一场美妙而深刻的旅程。

这段旅程结束后，或许我们对如何发展一人商业会有全新的想法，而这个想法或许就是一条最适合我们的商业之路。

2.2 他人眼中的你，也许和你想象的完全不同

自我认知是一个复杂而重要的过程，它不仅依赖于我们对自己的理解，还需要从他人的反馈中获取信息。特别是在一人商业的环境中，他人对我们的看法往往会直接影响我们的品牌形象和市场定位。因此，了解他人眼中的自己，并以此为基础进行调整和提升，是一人商业成功的关键。

有没有那么一瞬间，我们突然意识到别人眼中的自己可能与自己内心设想的大相径庭？在人际交往的复杂迷宫里，我们每个人都既是探索者又是谜题。社会心理学研究表明，人们在形成对他人的印象时，往往会受到"晕轮效应"的影响。也就是说，一旦我们对某人形成了某种印象，我们就会在其他方面也倾向于给予类似的评价。而每个人都有自己独特的视角和认知方式，这意味着，当我们与他人相处时，他们可能会从不同的角度来观察和评价我们。

我们总喜欢把自己想象成某种样子，或是聚会中最受欢迎的那个人，或是职场上最精明的那个人。我们会精心打造社交媒体上的形象，希望展现最完美的一面。但真相是，别人眼中的我们，可能和我们想象的完全不同。

小美做时尚博主两年了，她精心维护着自己的网络形象，每天在社交媒体上晒出精致的穿搭和生活，她自以为给人的印象是优雅、时尚、高贵的。一次线下粉丝见面会后，她发现自己的粉丝更喜欢的是她对搭配细节的把握和对生活好物的独到见解，而非她自以为的高贵气质。

小美这才意识到，原来粉丝眼中的她是一个亲民、真实、有品位的生活家，和她对自己的设想大不相同。这让小美深受触动，她开始在分享的内容中加入更多生活化的元素，与粉丝分享更多日常的小乐趣，粉丝群体也因此更加忠实和活跃。

小美的故事告诉我们，他人眼中的我们，往往与我们的自我认知有所不同。这种不同，有时是因为我们在特定的环境或时刻展现出了平时不为人知的一面，有时是因为别人从他们的角度和需求出发，看到了我们其他的闪光点。不论是哪一种情况，都是一种提醒：我们每个人都有多面性，不要局限于单一的自我标签。

那么在开展一人商业时，我们为什么要"找到"他人眼中的自己呢？

其实，我们每个人对自己的认知都会受到各种因素的影响，如自尊、期望和过往经历。这些因素可能导致我们高估或低估自己的能力。认知偏差会使我们无法全面和客观地了解自己，从而影响我们在一人商业中的决策和行动。

此外，情绪因素在自我认知中也起着重要作用。在情绪低落时，我们容易对自己产生负面评价；而在情绪高涨时，则可能变得过于自信。情绪的波动会影响我们对自己能力和形象的判断，进而影响我们的商业决策。

自我认知一个很大的局限是缺乏外部反馈。仅凭自己的感觉和判断，很难全面了解自己的优点和缺点。外部反馈可以提供不同的视角和新的信息，帮助我们更全面地认识自己。

因此，他人的视角能够提供相对客观的反馈，帮助我们发现自身的缺点和不足。通过倾听他人的意见和建议，我们可以获取不同的观点，认识到自己在某些方面的特长和优势，从而在一人商业中加以利用和发挥。

至于如何获取他人视角，有以下三种方式：

1. 主动向身边人寻求反馈

主动寻求反馈是获取他人视角的有效方法。可以寻求家人、朋友、同事和用户等不同群体的帮助，获取多方面的意见和建议。定期进行反馈信息收集和分析，有助于我们不断改进和提升自己。根据他人的反馈，我们可以及时调整自我形象和所开发产品的品牌定位，提高公众对我们的好感度和信任度，从而提升品牌影响力。

2. 积极运用社交媒体和网络平台

社交媒体和网络平台也是获取外部反馈的重要渠道。通过在社交媒体上发布内容和与用户互动，可以获取用户的反馈和建议，了解用户对我们的看法和期望。这类人群的反馈不仅能帮助我们认识自己，还能为我们改进产品和服务提供有价值的建议，促使我们不断优化产品，改进服务，提升用户满意度和忠诚度。

3. 专业的咨询和评估

专业的咨询和评估也是获取他人视角的有效方式。通过职业咨询师、心理咨询师或市场调研机构的专业评估，可以获取更加系统和深入的反馈，帮助我们全面了解自己的优势和不足。不过一次专业的咨询和评估可能费用较高，在资金有限的情况下，可能不是首选的方式。

他人眼中的我们，也许和我们想象的完全不同。在开展一人商业的过程中，通过他人的视角重新审视自己，将为我们的商业决策和行动提供有价值的参考。主动寻求反馈，及时调整和改进，是成功开展一人商业的关键。希望每一位创业者都能通过他人的视角，更加全面和客观地认识自己，从而在一人商业的道路上走得更稳、更远。

2.3 增值自我，全方位展开人生蓝图

我们常常追问："如何让生活更有意义？"答案可能就藏在"增值自我"这四个字中。一旦我们开始认识到增值自我的重要性，并付诸行动，我们会逐渐发现，成功并非遥不可及。

在一人商业模式中，增值自我是取得成功的关键。只有不断提升自我，我们才能在竞争激烈的市场中脱颖而出。增值自我不仅仅是提升技能和知识，还包括全面提升自己的综合素质和能力，以便更好地应对挑战，实现人生目标。我们每个人都是自己人生的设计师，而增值自我不是一个口号，而是一份行动指南，所以我们可以从现在开始，尝试用以下方法实现人生增值：

1. 学习新技能

在快速变化的社会中，持续学习是保持竞争力的关键。无论我们从事哪个行业，都需要不断学习新知识、新技能，以应对市场的变化和用户的需求。持续学习不仅可以提升我们的专业能力，还能拓宽视野，提高创新能力。

选择合适的学习途径非常重要。我们可以通过参加一些网络培训、阅读专业书等途径，不断地丰富知识、提升技能。同时，也可以通过实践和经验积累，提升自己的实际操作能力。

2. 提升软实力

软实力是指个人在职业发展中所需的非技术性能力，包括沟通能力、领导力、团队协作能力、情绪管理能力等。软实力在一人商业中尤为重要，因为我们需要独立面对各种挑战，处理各种事务。

而提升软实力需要从多个方面入手，我们可以通过参加相关培训、阅读相关书籍、进行自我反思和实践等方式，逐步提升自己的软实力。尤其是沟通能力和情绪管理能力，这两项能力直接关系到我们在用户关系和业务拓展中的表现。

3. 拓展人际网络

在一人商业中，人际网络是重要的资源。通过广泛的人际网络，我们可以获取更多的信息和资源，找到更多的合作机会和用户来源。

拓展人际网络需要积极主动，我们可以在社交平台上多多活跃，结识不同圈子的朋友。同时，也要注重维护与现有用户和合作伙伴的关系，建立长期的合作关系，并利用"六度空间理论"（即最多通过六个中间人，你就能认识任何一个陌生人）进行拓展，以结识更多的行业人士和潜在用户。

小刘是一名自由职业者，经营着个人的平面设计业务。在当下受到 AI 冲击、快速变化的设计行业中，小刘意识到持续学习的重要性。于是，他通过参加线上和线下的设计培训，学习使用最新的设计软件和 AI 工具，不断提升自己的设计水平。他还通过阅读专业书和设计杂志，持续了解最新的设计趋势和理论。

为了将理论应用于实践，小刘还积极参与各种设计比赛和项目。这不仅让他积累了宝贵的经验，还帮助他在设计行业中逐渐获得了一定的声誉。他的设计作品开始受到客户和同行的认可，业务量也逐步增加。

在不断提升设计技能的同时，小刘也认识到软实力在一人商业中的重要性。因此，他参加了各种关于提升沟通能力、领导能力和团队协作能力的培训，以提升自己的软实力。通过这些培训，小刘学会了如何更有效地与客户沟通，理解他们的需求，并提供优质的服务。

此外，小刘也深知人际网络在一人商业中的重要性。为了拓展自己的人际网络，他积极参加各种行业会议和社交活动，结识了许多行业人士和潜在客户。他还加入了几个设计类社团并在线上社交平台上十分活跃，定期参与讨论和分享自己的设计作品。

在与现有客户和合作伙伴的关系维护方面，小刘也下了不少功夫。他定期与客户保持联系，了解他们的最新需求，并提供相关的设计建议。这种积极的互动不仅巩固了现有的合作关系，还为他带来了更多的转介绍客户和合作机会。

通过这些努力，小刘成功实现了增值自我，提升了自己的专业能力和市场竞争力。他的设计业务蒸蒸日上，客户源源不断，不仅在收入上取得了显著的增长，也在设计行业中拥有了良好的声誉。

增值自我意味着不断提升自己的价值，丰富自己的知识，提高自己的技能水平，优化自己的职业素质，从而更好地适应市场变化和用户需求。在一人商业中，增值自我不仅是个人发展的必然选择，也是实现事业成功的重要途径。

上面小刘的例子为其他准备或正在开展一人商业的人士提供了宝贵的经验。在一人商业中，持续学习新技能、提升软实力和拓展人际网络是实现增值自我的关键。我们只有不断提升自己，才能在激烈的市场竞争中脱颖而出，实现个人商业的成功。

2.4　找到并激发你的内在动机

随着经济全球化的发展，现在简直"卷"得不得了，我们不仅要与国内的同龄人竞争，还要面对来自世界各地的竞争者。而互联网和社交媒体的普及使得信息传播迅速，让大家更容易受到外界信息的干扰，导致注意力分散，难以坚持自我发展和成长。因此，在这个"内卷"时代，想要在一人商业中取得成功，找到并激发自己的内在动机至关重要。

内在动机是指个人出于内心的兴趣、愿望或需求而进行的自我驱动。它不同于外在动机，后者更多依赖于外部的奖励或惩罚，而内在动机则源自个人内心的驱动力，通常与个人的兴趣、价值观、愿望和自我实现相关。它让我们在没有外部奖励的情况下，依然愿意投入时间和精力去完成某项任务。所以，内在动机更持久、更稳定，因为它源自个人的内心深处，可以帮助我们在面对困难和挫折时也保持动力。

从下面的两个案例中，我们可以更形象地认识到内在动机的重要作用。

大华来自海边的一座小城市，他的家庭并不富裕，但这从未阻碍他对科学的热爱与追求。在大学期间，他选择了物理学作为自己的专业，大学的图书馆成了他的"第二个家"，他渴望有一天能够为科学贡献自己的力量。然而，困境总是如影随形：由于经济压力，大华不得不在学习之余做兼职工作。这无疑增加了他的负担，但对科学的渴望成为他前进的动力。

为了缓解经济压力并追求自己的兴趣，大华决定利用自己的科学知识开展个人商业。他开始在网上开设科学实验课程，并通过社交媒体平台推广自己的课程。大华的课程内容丰富，深受学生和家长的喜爱。他还利用自己的物理知识，为高中生提供一对一的辅导服务。

大华通过科学实验课程和辅导服务，逐渐积累了大量的客户，获得了良好口碑。他不断改进课程内容，并通过网络直播、短视频等方式扩大影响力。最终，他的个人商业不仅帮助他缓解了经济压力，还让他在科学传播领域取得了一定的成就。内在的兴趣与热爱是大华成功的根本原因，让他即使在逆境中也能绽放光芒。

佳佳在大学毕业后进入了一家知名企业工作,她以为这将是通往成功的捷径。然而,日复一日的重复工作让她逐渐感到迷茫,一度怀疑自己的选择是否正确。每当夜深人静时,她都会问自己:"这真的是我想要的生活吗?"

一天深夜,佳佳在刷抖音视频时,看到许多人都在分享自己开店的经历和成功故事,这些视频深深吸引了她。她觉得开店看起来很有趣,而且似乎很容易赚钱,于是,她决定也开一家小店,希望能够借此找到新的方向。她开了一家手工艺品店,希望通过售卖自己制作的手工艺品来获得收入。然而,由于缺乏对市场的研究和商业运作的经验,她的网店经营得并不顺利。佳佳只是为了做兼职而做兼职,缺乏内在动力,很快就对经营店铺感到厌倦和疲惫。没有内在的激情和明确的目标的支撑,她的努力变得毫无方向,最终不得不关闭了店铺。

大华的成功在于他找到了内在动机,将兴趣和热爱转化为强大的动力,推动自己在个人商业中不断前进和创新。而佳佳的失败则源于她未能找到真正的内在动机,缺乏明确的目标和商业规划。结合大华和佳佳的故事,让我们来看一些找到并激发内在动机的实战策略:

1. 自我反思,确定自己的兴趣所在

自我反思是找到内在动机的第一步。通过反思,我们可以了解自己的兴趣、价值观和愿望。问自己一些关键问题,如:"我真正热爱的是什么?""我希望通过一人商业实现什么目标?""我的

核心价值观是什么？"这些问题可以帮助我们更清晰地认识自己的内在动机，思考自己喜欢做什么，在什么活动中感到最兴奋和最投入。追求与自身的兴趣和价值观相符的目标会自然地激发我们内心深处的动机。

2. 设立目标，并定期进行自我激励

设定与个人价值观和愿望相一致的目标，可以激发我们的内在动机。我们每当实现一个目标时，都会感到一种成就感，这样能进一步增强我们的内在动机。

除了获得这种内在的满足感以外，当达到某个里程碑时，我们也不妨适当给自己一些小奖励：吃一顿美味的大餐，或者是尽情地玩一天。这不仅是一种庆祝，也是对自己的激励。定期的自我激励是保持内在动机的重要方法。

在一人商业模式中，确定自己的内在动机是实现成功的关键。内在动机作为个人内心深处的驱动力，源自对某事物的真正热爱，以及对自我实现的渴望，它不被外界奖惩左右，因而更加持久、稳定，能在逆境中为我们提供源源不断的能量。

通过自我反思确定兴趣所在，设立与个人愿望相一致的目标，并定期给予自我激励，我们能够找到并激发内在动机，从而在竞争激烈的大环境中脱颖而出，实现自我价值。记住，真正的成功不是得到他人的高度评价，而是我们能够忠于内心，勇敢地追寻并实现自己的梦想。

第二章 自我价值探寻,迈出人生规划的第一步

2.5 没时间复盘、规划?
其实是时间管理不到位

我们有没有时常觉得自己忘记了什么重要的事情?我们是不是处于"拖延症晚期"呢?我们知不知道人每天因为分心而浪费掉的时间可能长达两个小时?

时间是最公平的资源,每个人每天都只有二十四小时。但为什么有些人能高效地完成任务,甚至还能有充裕的时间进行复盘和规划,而有些人却总是感到时间不够用?其中的关键在于如何管理和利用时间。在一人商业模式中,时间管理是成败的决定性因素之一。许多人在追求职业发展时,常常抱怨时间不够用,难以进行深入的复盘和规划。他们往往将"没时间"作为未能达成目标或未能进行自我提升的借口。然而,事实并非如此,这个问题的根本原因在于时间管理不到位。通过有效的时间管理,我们可以更高效地利用时间,提升工作效率,顺利实现目标。

小芳是一名专业的摄影师,除了完成本职工作,在工作日的晚上或周末,她会通过网络开线上培训班,教授一些摄影技巧。不过,除了日常的拍摄工作外,她还要处理与一人商业相关的学员沟

通、备课、授课视频剪辑、课程推广等事务，常常感到时间不够用，难以兼顾各项任务。

意识到自己在时间管理上的问题后，小芳决定采取措施进行改善。她学习了GTD（Getting Things Done）任务清单管理法。GTD任务清单管理法要求将所有待办事项列出，根据重要性和紧急程度进行优先排序，并制订具体的行动计划，同时定期复盘执行效果。

根据GTD任务清单管理法，小芳先将注意力集中在重要且紧急的事情上。每周末，她会为下一周的拍摄工作和线上课程做计划，为每项任务设定明确的时间，提前准备拍摄方案和教学内容。这样一来，她能够更有条理地安排每周的工作，避免临时应对而导致时间浪费。

针对她的线上摄影课程，小芳同样采用了GTD任务清单管理法。她将课程设计、录制和推广列入待办事项，按照重要性和紧急程度进行排序。通过这种方式，她可以在工作日的晚上和周末高效地完成课程准备工作和教学任务。

此外，小芳学会了如何利用碎片时间进行快速复盘和准备。每天工作结束后，她会花几分钟回顾当天的任务完成情况，及时调整计划，确保每个环节都在掌控之中。她还利用早晨和午休时间进行专业学习和自我提升，为自己的摄影事业提供支持。

一年下来，小芳的摄影作品在业界赢得了广泛的认可，她的线上摄影课程也吸引了越来越多的学员。通过运用科学的时间管理方法，小芳不仅成功地实现了本职工作与个人发展需求之间的平衡，她的一人商业也取得了显著的成功，她成为一位高效且充实的摄影师和创业者。

从小芳的经历我们可以看出，时间管理的魔力在于它能跨越行业界限，促进目标的精准达成与资源的优化配置。接下来我们展开谈谈几种时间管理的方法：

1. GTD 任务清单管理法

这是一种任务管理方法，旨在帮助人们更有效地处理工作和生活中的事务，达到高效、无压力的状态。它的核心就在于将注意力集中在当前任务上，而不是被过去或未来的事分心。这一方法主要分为收集、厘清、整理、执行、回顾这几个关键步骤：

收集：将我们脑中所有事项放入一个"收件箱"中。

厘清：处理这些事项，判断是否需要采取行动。

整理：组织需要行动的事项，将其分解为可执行的任务。

执行：根据任务清单采取行动。

回顾：定期检查整个系统，确保其有效性。

2. SMART 工作法

这一工作法需要我们制定具体、可衡量、可实现、相关、有时限的目标，具体内容如下：

具体（Specific）：目标必须明确具体，避免模糊不清。例如，"增强用户服务意识"这一描述就不够具体，而"每次接待用户时最后一条消息都要由自己发出"则更为具体。

可衡量（Measurable）：目标应该是可以衡量的，这意味着需要有明确的数据或标准来评估是否达成目标。例如，将目标从"提升视频浏览量"改为"将视频浏览量提升到 1000"。

可实现（Attainable）：设定的目标应当是实际可以完成的。目标既不可过高也不可过低，还要考虑到现实情况和资源限制。比如，"我的一人商业在一个月内收入100万元"这样的目标可能听起来就不切实际。

相关（Relevant）：短期目标应与更大目标或长远规划具有相关性，确保每个目标都对总体成功做出贡献。例如，短期目标是提高视频浏览量，这和成为"网红"博主的大目标是一致的。

有时限（Time-bound）：每个目标都应该有明确的完成期限。没有时间限制的目标容易导致无限期拖延。例如，这周内完成新视频的拍摄和后期制作工作。

3．番茄工作法

番茄工作法是简单易行的时间管理方法，能有效地降低任务的执行难度，在加强对工作时间精准掌控的同时，也增强了个人的工作信心。

首先，我们写下一个需要完成的小任务，用计时器设定25分钟的时间间隔，这个时间段被称为"1个番茄时间"。在这25分钟内，需要完全专注于这个小任务，避免任何形式的干扰。当计时器响起，标志着1个番茄时间结束，这时，我们记录下进度并短暂休息5分钟，再重新开始另一个25分钟的工作周期。通常每完成4个番茄时间后，我们可以进行更充分的休息，时间在15—30分钟之间。

无论什么行业，有效管理时间都是实现目标和提升自我的重要因素。对于一人商业从业者来说，学会有效管理时间，意味着有更多的机会进行复盘、规划和实现自己的目标。通过不断练习和改进，我们可以轻松打破没时间的困境，释放个人潜能，提升工作效率，让自己变得更好。

第三章 如何选择领域，找到商业之路

3.1 找到风口，做那只"起飞的猪"

我们一定听过这样一句话："站在风口上，猪也能飞起来。"

这句话形象地道出了"风口"在信息时代的庞大能量。尤其是在我们孤军奋战，在一人商业中摸索的时候，能否找到风口关系到我们的命运。作为单枪匹马的创业者，我们既没有没有庞大的团队，又没有强硬的后台，一切都只能由自己定夺，所以我们必须精准地抓住市场给出的每一条信息，胆大心细方能迅速崛起。

大家对于"风口"这一名词虽然并不陌生，但可能对它还缺乏深刻的了解。简单来说，所谓风口就是市场中某一阶段特定的、具有爆发性增长潜力的领域。该领域可能是由于技术的突破、用户需求的变化，甚至是政策的扶持等原因而迅速兴起的。由于其具备时效性和爆发性，因此一旦有幸站在了风口上，我们就可以借着这一有利趋势，以最小的成本获取最大的收益。

不过，风口并非随处可见的，是需要发现和快速抓住的。它通常具有以下几个特征：

第一，风口是需求的急速增长所带来的。在风口行业，用户需求会有突发性增长,这种需求大多是来也匆匆,去也匆匆,不稳定且具有很强的时效性。例如,智能手机的普及就催生了移动互联网应用的风口,而首批占据移动互联网应用头部地位的企业,现今都已经具备了不小的规模,拥有了相当雄厚的资本。

第二,能够产生风口的领域,门槛也会相对较低:风口初期,进入门槛较低,大量创业者纷纷涌入。这段时期通常是创业者的"黄金窗口期"。随后难度便会逐渐增加,形成割裂态势。

第三,风口也往往伴随着一些近期的政策扶持,某些风口领域会得到政府政策的强力支持,然后才得以兴起。这就使得占据了风口产业的企业家能够把自己的创业风险降到最低,还能借助当前政策提供的有利资源和丰富的机会迅速地让自己的产业成型。

在了解了"风口"这一概念之后,接下来我们不妨聊一个更加实用的话题,也是大家最为关心的话题——我们应当如何找到风口?找到风口并不容易,它需要创业者具备敏锐的市场洞察力和超前的思维。以下是一些比较有效的寻找风口的策略:

1. 关注技术革新

跟着技术走,在商业领域是一个极其简单、有效的方法。因为技术革新往往是风口的缔造者。作为一人商业的从业者,我们应时刻关注前沿科技的发展,如人工智能、区块链、物联网等领域的最新动态。这些技术一旦成熟并进入应用阶段,往往会带来新的市场机会。

2. 关注政策趋势

想要经商有道，同样也需要勤加研究政策趋势。政府的政策导向可以为创业者提供重要的风向标。例如，近年来中国大力推动绿色经济和新能源，这些领域的创业机会大量涌现。我们应及时了解和分析相关政策，找准方向。

3. 观察消费行为

用户是商业环节中最重要的组成部分，关注"上帝"的需求和行为变化自然是高效且可靠的策略。通过观察和调研，我们其实是能够预见即将出现的大好机会的。例如，随着人们健康意识的增强，健康食品和健身产业逐渐成为新的风口。所以，通过一些市场调研和数据分析，我们可以捕捉用户需求的变化，找到风口。

在一人商业模式中，"走得对"比"走得远"要更为有效。由于资源有限，个人创业者更需要精准地选择自己的领域，市场切入点切记三个字："小而美"。在一人商业模式下，我们可以选择较小但成长潜力大的细分市场。例如，宠物用品、手工艺品等细分市场，虽然它们看上去是不起眼的小商品，但其用户需求强烈且竞争相对较小。通过寻找合适的风口、不断学习和灵活应对变化，我们也可以在竞争激烈的市场中找到属于自己的机会，实现事业的成功。

 ## 自我定位，适合的才是最好的

看别人做直播火了，购入一堆设备却不知从何下手？

看别人做PPT挣钱，买了一大堆课程却根本学不会？

这样的跟风行为在一人商业中往往难以获得成功，其根本原因就在于三个字——"不合适"。在这种一人商业模式中，自我定位往往容易被人们忽略，但我们绝不能因为团队仅自己一人就忽略这个环节。不同于团队创业，单枪匹马的创业者需要更加清晰地了解自己的优势、兴趣和市场需求，以便在竞争激烈的市场中找到属于自己的位置。自我定位不仅能帮助创业者确定创业方向，还能提高成功的可能性和可持续性。

在任何商业模式当中，自我定位都是创业的起点，是进入市场的第一步，它决定了我们将要进入的领域、要面对的用户以及要提供的产品或服务。我们都是彼此不同的个体，每个人都有独特的技能和特长，选择能够发挥这些优势的领域，有助于让我们的一人商业事半功倍。

除此之外，准确地自我定位还能让自己的创业激情保鲜。创业是一个长期的过程，只有选择自己感兴趣的领域，才能在遇到困难和挫折时保持动力和激情。兴趣是最好的老师，同时也是最强的驱动力，它决定着我们是否能够耐心地完成自己的商业梦想。

在了解了自我定位的重要性后，我们还需理解自我定位的常规步骤，才能让理论和实践结合起来。最值得注意的一点是：自我定位是一个系统的过程，而非一时兴起的总结。它需要我们深入了解自己，并结合市场需求进行分析。可以尝试以下几个步骤：

1. 自我评估

这是了解自己的兴趣、技能和价值观的重要环节。我们可以通过以下几个问题来进行自我评估，比如：我最擅长的技能是什么？我最感兴趣的领域有哪些？我的价值观是否符合当今社会的主流形态？我希望通过创业实现什么目标？关于这些问题，我们只有找到自己的答案才能确定一个坚定的前行方向。

2. 市场调研

在了解了自己之后，我们就该对行业和市场进行全面分析了。了解行业资讯是不可缺少的环节，因为在不与人交流的时候，我们大多数的想法都可能会有个人色彩，导致我们对很多事情的判断不甚准确。线下展会等面对面交流的方式是最佳的，如果线下没有合适机会的话，我们也可以访问相关的网络平台，或是用调查问卷的方式，与潜在用户进行访谈和沟通。

3. 竞品分析

商场上处处充斥着竞争，所以我们也需要做好竞品分析：分析竞争对手的优势和劣势。我们可以从竞争对手的网站和社交媒体去了解竞争对手的产品和服务，还能够通过现在先进的大数据来分析竞争对手的用户评价和反馈。在充分了解对手之后，我们就可以进行下一步了——差异化定位。这一步需要找到自己的独特优势和市场切入点，我们应当思考自己的产品特色在哪里，有哪些是竞争对手无法取代的。

小丽是一名年轻的插画师，她从美术学院毕业后就来到了一家广告公司工作。虽然她工作十分卖力，但她对制作广告海报并不是十分擅长。日复一日做着自己不擅长的工作，使她的生活变得十分苦闷。不过，小丽很快便振作起来，进行了全方位的自我评估。她发现自己真正喜欢的绘画内容是天真烂漫的儿童绘本，而且她的绘画风格活泼可爱，也非常适合创作儿童绘本。同时，她通过市场调研了解到，近年来家长对优质儿童绘本的需求不断增加，市场潜力巨大。

接下来，她进行了竞品分析。她发现市场上虽然有很多儿童绘本，但产品同质化问题非常严重——大多数作品风格单一，缺乏创新，读起来简直让人昏昏欲睡。于是，她决定通过差异化定位，创作具有教育意义且风格独特的儿童绘本。

于是，在经过仔细调研后，小丽开始有意识地锻炼自己这方面的能力。她画了一些样品，并拿着这些样品在网上找寻一些儿童绘本的商单。她通过社交媒体分享自己的创作过程，吸引了大量粉丝。同时，她积极参加儿童书展和绘本比赛，提高了自己的知名度。

经过一段时间的努力，她的儿童绘本逐渐得到了市场的认可，并受到了多家出版社的青睐。她不仅实现了自己的创业梦想，还在儿童绘本领域取得了显著的成就。

小丽的故事无疑说明了准确的自我定位对于开展一人商业的重要性。但有些朋友可能会问：自我定位是一成不变的吗？如若不是，那么该如何保持自我定位的灵活性？

这个问题实际上很有现实意义，因为在我们的创业过程中，市场环境和用户需求可能会不断变化，面对如此多变的环境，谁故步自封，谁就会成为第一个牺牲品。因此，一人商业的创业者需要保持自我定位的灵活性，以便及时调整策略。

总而言之，自我定位是创业成功的关键，它不仅能够帮助大家找到适合自己的市场和方向，还能提高创业的成功率和可持续性。时刻记住：适合的才是最好的，找到适合自己的定位，才能在一人商业的道路上走得更远、更稳。

3.3 目标群体定位：我要讲给谁听

发布了很多自以为不错的内容，浏览量却寥寥无几？有时候可能不是内容出了问题，而是目标群体定位出了问题。用户想要"城门楼子"，我们却做出"胯骨轴子"，当然无人愿意为之买单。就好比一位母婴赛道的博主突然发了烟酒测评，流量自然显而易见地会变低。

所以在开展一人商业之前，我们必须明确一个关键问题：我们的目标群体是谁？一人商业的独特性在于它不同于传统企业，无法依赖庞大的市场营销团队或复杂的分销网络。因此，目标群体一旦没有找准，哪怕我们的产品很优秀，也可能在残酷的市场竞争中被淘汰。

什么是目标群体呢？简单来说就是那些最有可能购买我们的产品或服务的人群。他们不仅仅是潜在的用户，更是我们业务成功的核心驱动力。在一人商业模式里，资源有限，精准定位显得尤为重要。一个明确且集中目标的群体能帮助我们更有效地分配资源，制定更具针对性的营销策略，并最终实现更高的转化率。

为了更好地找到并理解目标群体，我们需要从以下几个方面进行深入分析：

1. 年龄、性别以及收入

不同年龄层的消费习惯和需求各不相同，例如：年轻人可能更注重时尚和科技，而中老年人则可能更关注健康和保健。男性和女性在消费偏好上存在显著差异，了解这些差异才能让我们明白该如何迎合男性、女性的消费习惯。除了以上两点，收入水平也直接影响消费能力和消费倾向。在推广自己的商品之前，一定要确认它的价格合理，以免因为价格过高而无人问津。

2. 地域因素

地域同样是一个重要的因素。以我国为例，我国的领土如此广阔，因此不同地区的用户在文化、习惯和需求上都有所不同，就好比我们无法在寒冬去东北售卖T恤衫，也不能在盛夏去海南卖棉衣。了解这些区域特征，可以帮助我们更有针对性地开展营销活动。

3. 心理特征

心理特征是一个比较容易被遗忘的因素。现在都说要垂直细分，其实就是在上面这些客观因素的基础上，寻求一些主观的因素，通过分析目标用户的心理特征来更深入地了解他们。比如，同样是宝妈，有的宝妈关注精细喂养，有的宝妈采取随性的"放手式"育儿方法。不同的心理特征带来了不同的需求，了解这些数据，对我们后续的跟进、推广是有相当大的帮助的。

了解了目标群体，我们再来说说他们的需求。理解他们对产品或服务的具体期望和要求，是我们一人商业成功的关键。一般来说，目标群体的需求可以分为以下几类：

①功能性需求：这是对产品或服务的基本需求，如质量、性能和实用性等。例如，购买一台手机，用户希望它有良好的通话质量、长时间的电池续航和多功能的应用程序。

②情感需求：这是用户在使用产品或服务时的情感体验，如愉悦感、满足感和归属感等。例如，一款高端手表不仅要能准确计时，还要能彰显用户的品位和身份。

③社会性需求：这是用户在社会交往中的需求，如认可、尊重和社交互动等。例如，使用某种品牌的产品，用户可能希望获得他人的认可和赞赏。

④心理性需求：这是用户在心理层面的需求，如安全感、成就感等。例如，购买健康产品，用户希望通过它来改善健康，进而提升生活质量。

以上就是用户需求的几个方面。那么知道了用户需求，下一步自然就是与目标群体建立有效的沟通了，这是确保他们了解并愿意购买产品或服务的关键步骤。在一人商业模式下，选择适当的沟通渠道尤为重要，因为这将直接影响我们的营销效果和资源利用效率。

首先我们最推荐的自然是社交媒体渠道，在信息化时代，这是重要的营销渠道之一，尤其适合我们这种一人商业。通过社交媒体平台，我们可以低成本地接触到大量潜在用户，并通过互联网这一高效率的工具来与他们进行及时的互动。现在的社交媒体平台也非常之多，微博、小红书或者抖音等平台都可以帮助我们分享产品信息、发布促销活动以及收集用户反馈，打响我们的名号。

虽然一人商业主要依赖线上渠道，但线下活动仍然是建立用户关系的重要方式，线下面对面地沟通会给用户一种"这个品牌很靠谱"的感觉。所以我们也要注重参与行业展会等活动以增加品牌曝光率，增强用户黏性。我们还可以与其他企业或个人建立合作关系，扩大影响范围，利用他人来给自己"引流"。

明确目标群体定位是成功开展一人商业的基础。通过深入分析目标群体的特征、理解他们的需求，并选择适当的沟通渠道，我们可以更有效地推广自己的产品或服务，提升用户满意度和忠诚度。

 **内容定位：我该说些什么**

了解了自己和目标群体，接下来我们就该策划自己要发布的内容了，也就是标题所说的："我该说些什么？"

在一人商业模式中，内容的选择和定位至关重要。对于独立创业者来说，内容不仅是传达信息的媒介，更是吸引目标群体、建立品牌形象和实现商业目标的关键。内容主题的选择需要结合目标群体的需求、行业趋势和自身的优势。不同的内容类型适用于不同的场景和受众，我们先来看两类常见的内容类型及其适用场景：

1. 博客文章

"博客文章"一词在如今也算是"时代的眼泪"了，曾经，这是大家获取信息的重要渠道，现在的知乎平台也与之类似。这类内容篇幅较长，不符合现在年轻人的娱乐性阅读习惯，但内容比较详细。因而对于这类长文章来说，最适合的用途就是做行业趋势分析、产品使用指南，用以传达详尽的知识和独到的见解，树立品牌权威。

2. 各大新型社交媒体

即现在比较流行的短视频、图文帖子、实时直播等，代表平台包括抖音、小红书等。新型社交媒体的特性是将信息时代本就不多的文本进一步压缩，篇幅短小、内容精简、互动性强，适合快速传播信息，吸引广泛关注。而其中的视频内容是能够最为直观地展示产品和服务，增强用户体验的媒介。当下开展一人商业时，千万不要错过这个渠道。大屏幕播放的视频，能够带来绝佳的视觉冲击力，并且能够直观地传递信息，易于分享和传播。

接下来我们就可以按需选择对应的内容方向，开始进行内容策划了。在制作内容时，我们要结合目标群体的需求，也就是要深入了解目标群体的痛点，提供解决方案和建议。如果目标群体是年轻女性，可以选择美容护肤、时尚搭配等主题，并及时提供相关内容，展示自身的专业性和前瞻性。同时也要注意对方的购买力和购买需求，以免弄巧成拙。

至于主题方面，也要保持多样化，这一点不只是在讲产品的外观，更是在要求产品的设计理念和核心思想。在保持核心主题一致的同时，我们可以适当扩展内容的范围，吸引不同兴趣的受众，并借此机会淘汰一部分冗杂内容，以达到优化效果。比如，我们目前在做健康领域的生意，但是我们不能只单纯发一些健身视频，而是要从用户的日常行为出发，涵盖饮食、运动、心理健康等多个方面的内容。

当然，内容优质只是一方面，想要在如今这个信息爆炸的网络上引起大家的注意，不仅需要有吸引人的主题，还需要具备良好的创作技巧。在结构层面，我们需要确保内容结构清晰、逻辑严谨，易于阅读和理解。以此为目标，我们可以尽量使用生动、有趣的语言，并且增强自己创作的内容的吸引力和可读性，牢牢地抓住读者的眼球。

在格式方面，图文并茂是很有用的一种策略，因为图像比文字在人脑中留下的印象更加清晰，所以巧妙地进行图文结合，我们能够做到事半功倍。

这里有一个小技巧：我们可以让自己的主打内容重复出现，例如品牌slogan（标语）等，通过重复来强化它在用户心中的印象。只有通过持续输出优质内容，我们才能做到让用户印象深刻，并且树立专业、可信的品牌形象。

小张是一位独立创业者，他的主打产品是一款专注于环保的家庭清洁"神器"。在进行产品推广时，小张选择了通过多种内容形式来进行宣传的方式。为了覆盖更多目标群体，他决定利用博客、新型社交媒体等来展示产品和分享相关知识。博客文章可以提供详细的环保清洁知识和产品使用方法，新型社交媒体则可以通过图片和短视频展示产品的实际使用效果，并增加互动性。

在产品主打的宣传卖点上，小张选择了环保生活、健康清洁和可持续发展的主题，这些主题与目标群体的需求高度契合。他深知现代用户不仅关注产品的功能性，更在意产品是否环保和对健康的影响。小张的目标群体主要是关注家庭健康和环保生活的年轻群体，所以他在内容中融入了实用的清洁技巧和环保建议，展示自己在这个领域的专业性和前瞻性。

通过持续输出优质内容，小张成功树立了专业、可信的品牌形象，吸引了大量潜在用户。最终，小张的环保清洁产品在市场上取得了显著的销售成绩。

小张的内容定位不仅展示了他对目标群体需求的深入理解，还通过多样化的内容和清晰的结构，成功抓住了用户的眼球。这一过程中的每一步，都为他在激烈的市场竞争中赢得了优势。因此，内容定位是成功开展一人商业的关键，它不仅是传递信息的工具，更是连接用户、建立品牌和实现商业目标的重要手段。我们也可以通过以上策略，对自己的一人商业推广内容进行精准的定位。

3.5 平台渠道定位：
这些内容适合在哪里说

正如前文所言，如今各媒体平台是内容传播的主要渠道，具有用户量大、互动性强、传播速度快等特点。它们不仅是个人创业者展示才华和产品的舞台，更是接触目标群体和实现商业变现的关键工具。

传统的营销手段通常需要大量的资金投入，而这些媒体平台则提供了一个低成本甚至免费的营销渠道。我们可以利用这些媒体平台让产品迅速扩大影响力，提高知名度，再也不需要像从前一样花上一笔巨款来投放广告了。

此外，媒体平台还允许创业者与受众进行实时互动。这种沟通不仅有助于增进创业者与粉丝之间的关系，还可以及时获取反馈，了解市场需求，迅速调整策略。例如，音乐博主可以通过直播与观众互动，回答问题，了解观众的需求和偏好，便于自己随时调整所发布的音乐内容。

不过在这个互联网时代，时间变得愈发宝贵，大家都会尽量避免做自己不擅长的，或者是不想动手去做的。因此，选择合适的平台渠道来发布内容，是一人商业成功的关键，只有在合适的平台上发布内容，才能最大化地实现内容的传播效果和商业价值。

在选择平台之前，首先要明确我们的目标群体是谁，他们的特点是什么，喜欢使用哪些平台。例如：如果目标群体是年轻人，那么B站、小红书等平台可能更适合；如果目标群体是中老年人，那么微信这类平台可能更为合适。

同时，不同平台也有着不同的特点和规则，了解这些可以帮助我们更好地选择合适的平台。例如，微博适合快速传播热点话题，抖音和B站适合视频内容，微信公众号适合深度文章和品牌故事。以下是几大主流平台及其适合的内容类型，大家可以自行选择合适的平台。

1. 微信公众号

微信公众号用户基础庞大，因此受众极其广泛。并且，微信公众号在智能推送方面也日趋成熟，目前几乎可以支持所有媒体形式的内容发布。我们可以通过细致的内容和图文并茂的形式，增强读者的阅读体验感和信任感。

因此，微信公众号是一个适合发布深度文章和品牌故事的平台。它的用户群体广泛，互动性强，适合通过优质内容树立品牌形象。我们可以定期推送内容，与用户互动，通过留言和回复增加用户黏性。同时，可以利用微信小程序和社群功能，进一步增强品牌影响力。

2. 小红书

小红书以其独特的"种草"文化和强大的用户黏性吸引了大量年轻女性用户。它的内容形式多样，包括图文、视频、直播等，适合发布生活日常、美妆护肤、时尚搭配、健身等相关内容。小红书的用户群体年轻、有购买力，普遍对新事物接受度高，愿意尝试各种新产品和新体验。通过小红书的推荐，产品能够迅速获得用户的认可，产品口碑能够得到迅速传播。

我们可以在小红书上发布产品测评、使用心得、生活技巧和美妆教程等内容，通过真实、详细的体验分享，增强用户的阅读体验感和信任感。同时，小红书的社区互动也非常活跃，用户可以通过评论、点赞、收藏等功能，与其他用户互动。

3. 微博

微博的用户主要集中在年轻群体，他们对热点话题和新鲜事物非常敏感，喜欢参与讨论和互动。微博的传播速度快、用户活跃度高，非常适合发布即时性强、传播广的内容。

因而微博适合通过热点话题和互动建立品牌形象，获得忠实的用户群。在微博上，我们可以发布简短的动态、热点话题、产品更新等内容。通过精练的文字和吸引眼球的图片或视频，迅速吸引用户关注，并鼓励用户积极互动，参与相关话题讨论，通过优质的内容和良好的互动性增强用户黏性，扩大品牌影响力。

4. 抖音

抖音是一个以短视频为主的平台，适合通过有趣、有创意和互动性强的视频内容吸引用户。其用户范围较广，且普遍喜欢追求新奇、有趣的体验。

抖音具有传播速度快、用户黏性高的特点，非常适合发布创意性强、互动性高的视频内容。在抖音上，我们可以发布产品演示、使用教程、用户评价和生活 vlog（视频记录）等视频内容。通过生动有趣的视频，展示产品特色和使用场景，吸引用户关注和购买。

5. B站

B站是一个以长视频和社区文化为主的平台，其用户对内容质量要求高，喜欢有深度、专业性强的视频内容。B站的社区文化浓厚，用户黏性高，非常适合发布专业的长视频内容。

在B站上，我们可以发布产品测评、使用教程、行业分析和用户案例等视频内容。通过定期发布优质内容、积极回答用户提问，扩大品牌影响力。

6. 知乎

知乎是一个专业问答社区，其用户主要是高学历、高收入的知识型人群。和 B 站类似，知乎的用户对内容质量要求也非常高，不同的是，B 站的内容展现形式是长视频，而知乎的展现形式则为长图文。由于没有视频画面的加持，我们的文字内容必须足够吸引人，才不会造成用户的流失。

在知乎上，我们同样可以发布专业知识、行业分析、产品测评和用户案例等内容。通过撰写深度、专业的文章，展示品牌的专业能力和行业地位。

准确进行平台渠道定位是成功开展一人商业的关键。通过选择合适的媒体平台，并根据平台的特点发布相应的内容，我们可以有效提升内容的传播效果和商业价值。这种发布策略能有效帮助我们在竞争激烈的市场中脱颖而出，最终实现自己的商业目标。

第四章 互联网浪潮下，属于普通人的风口在哪儿

4.1 新媒体平台的发展现状与变现模式

近年来互联网技术不断进步，带来的是用户需求的多元化，为了跟上人们需求增长的步伐，新媒体平台代替了传统媒体，成为当今信息传播的重要渠道。新媒体平台不仅改变了人们获取信息的方式，也为想要开展一人商业的创业者提供了前所未有的机会。

我们先从新媒体平台的种类开始了解，新媒体包括社交媒体（如微博、微信）、短视频平台（如抖音、快手）、直播平台（如斗鱼、虎牙），以及内容创作平台（如知乎、简书、今日头条）。它们满足了不同用户的需求，也为内容创作者们提供了多样化的展示平台，更重要的是，在这个信息即是金钱的年代，它们成为相当可观的变现渠道。

随着移动互联网的普及，新媒体平台迎来了春天，用户的大规模涌入带来了诱人的流量，这使得一部分占据了风口的人赚得盆满钵满。用户的广泛参与和高频互动，使得新媒体平台成为信息传播和内容消费的主阵地。

新媒体平台上的内容形式也在这些年得到了迅猛发展，从最开

第四章　互联网浪潮下，属于普通人的风口在哪儿

始较为朴素的文字、图片、音频，到现在丰富多彩的短视频、直播，内容创作者不仅有了更加灵活的选择，也得到了更低的入行门槛。虽然更多的创作者带来了更加激烈的竞争，但目前入驻新媒体平台，对于每个创业者来说都是不可或缺的步骤。

若是要讨论新媒体平台发展为何如此迅速，那么必然要归功于技术层面的驱动。人工智能、大数据、云计算的出现，使得平台有了更多手段调研用户需求，从而进行精准推荐和个性化推送，这也是我们总会感觉平台推送给我们的内容都非常符合我们个人喜好的原因。同时，虚拟现实（VR）、增强现实（AR）这些先进且有趣味性的新技术，也为内容创作和用户体验带来了全新的可能性。

接下来，我们将要讨论的是新媒体平台的一些特性，在对它们有了了解之后，我们就能够更加熟练地对手中的平台进行运用。

新媒体平台的核心特征之一是用户生成内容（UGC）。平台通过提供便捷的创作工具和广泛的传播渠道，鼓励用户积极参与内容创作和分享。用户们的即时创作不仅丰富了平台内容，还满足了他们自己的分享欲和探索欲，让他们在虚拟世界中找到了平时难以得到的认同感和自身价值。

如果说 UGC 是新媒体平台的核心，那么社交互动就是新媒体平台的灵魂。用户们可以通过点赞、评论、转发、私信等多种方式与内容创作者和其他用户进行互动。用户的互动行为不仅为平台的现有内容带来了更大的传播力度，还带来了一个互联网时代非常珍贵的概念——用户黏性。现在遍地皆是互联网公司，各种平台层出不穷，用户很容易把注意力放到其他平台上去，所以才要培养用户

黏性，避免他们太快"玩腻"。

当我们在使用各种应用的时候，我们的搜索行为和兴趣偏好都会被迅速地数据化，平台进而就会得到我们的兴趣标签，新媒体平台可以进行个性化推荐，将用户感兴趣的内容精准推送到他们面前。个性化推荐不仅提高了内容的曝光率和点击率，也提升了用户的满意度和使用时长。

同时，新媒体平台也为内容创作者提供了多种变现渠道，包括广告分成、打赏、付费内容、直播带货等。这些用心搭建的变现体系，帮助内容创作者将流量转化为实际收益，实现商业价值，这也正是我们目前最为需要的。那么，变现有哪些常见的方式呢？

和我们的生活最为贴近的就是广告变现。相信各位从小在看电视剧的时候就看过插播的广告，其实这就是一种简单有效的变现途径。广告是新媒体平台主要的变现模式之一，创作者通过在其内容中嵌入广告或与品牌进行合作，获得广告收益。广告形式包括展示广告、原生广告、视频广告等，创作者可以根据内容特性和受众需求选择合适的广告形式。

直播时代带来的，是打赏和付费内容这一新概念，而它们也是内容创作者直接从用户获取收益的方式。用户可以通过打赏的方式，表达对创作者内容的认可和支持。内容创作者还可以设置付费内容，如付费文章、付费视频、付费社群等，用户需要支付一定费用才能获取这些内容。

此外，直播带货相信大家都不陌生。近年来，无论是拥有百万粉丝的"大佬"，还是拥有几千粉丝的小"网红"，都在进入带货这一赛道。主要原因就是带货是目前新媒体平台盈利最高的一种变现形式。带货就是指内容创作者通过直播平台进行商品展示和推荐，吸引用户购买。直播带货不仅能够增加创作者的收入，还能提升品牌知名度和产品销量。成功的直播带货需要创作者具备较强的沟通能力和产品知识，同时需要良好的互动和营销策略。

待我们拥有一定名气之后，便可以考虑品牌合作与代言。它是内容创作者通过影响力和粉丝基础获取收益的方式。创作者通过与品牌进行合作，推广品牌产品或服务，获得合作费用。品牌合作形式多样，包括新产品测评、品牌宣传，以及其他推广活动等。成功的品牌合作是需要创作者有一定影响力的，因此这一步可以放到后期考虑。

使用内容付费平台也是创作者将自己脑中的知识变现的绝佳机会。这些平台包括知识付费平台（如得到、喜马拉雅）、付费订阅平台等。创作者可以在这些平台上发布独家内容，用户通过订阅或单次购买的方式获取内容，创作者从中获得收益。

新媒体平台的发展为一人商业从业者提供了广阔的舞台和多样化的变现机会，相信随着技术的进步和用户需求的变化，新媒体平台的变现模式将更加丰富多样。在这个充满可能性的时代，人人都可以通过新媒体平台输出自己的想法，实现自己的价值，作为一人商业的创业者，也将面临更多的机遇和挑战。

 ## 4.2 利用社交媒体平台，输出你的想法

如上文所言，在如今这个互联网时代，社交媒体平台成为人们表达想法、分享观点、建立品牌以及实现商业变现的重要渠道。对于一人商业的创业者而言，善用社交媒体平台不仅能帮助我们扩大影响力，还能直接与目标受众建立联系，实现高效的内容传播和互动。

而在社交媒体平台上输出想法，需要具备有效的内容创作策略，我们需要选择一个与自身专业、兴趣和目标受众相关的主题，这是内容创作的基础。在确定主题时，可以考虑以下几点：

①自身的专业领域：分享我们在某一领域的专业知识和见解，如营销、技术、健身等；

②紧密贴合个人兴趣：展示我们的兴趣爱好和生活方式，如旅行、摄影、美食等；

③目光追随社会热点：关注当前的社会热点和话题，发表我们的看法。

在这之后，我们还需要制订一个详细的内容计划，这有助于我们保持内容的连贯性和持续性。内容计划应包括以下内容：

①发布时间表：确定发布内容的频率和时间，如每天、每周或

每月更新；

②内容形式：确定不同形式的内容，如文字、图片、视频、直播等；

③主题定期轮换：确保内容主题多样化，避免单一主题带来的审美疲劳。

高质量的内容是吸引和留住用户的关键。为了避免用户长期关注后逐渐丧失兴趣，首先，我们可以从视觉效果入手，注重图片和视频的视觉效果，确保内容美观且能够牢牢抓住用户的眼球。其次是排版和文字表达，我们需要确保文字内容简洁、有力，易于理解和传播，避免用户看了就犯困或者认为内容不够丰富。最后，我们也要顾及互动性，多设计互动性强的内容，如问答、投票、挑战等，增加用户参与度，能够有效地提高用户黏性。

此外，在社交媒体平台上，进行互动和构建社群是培育忠实粉丝群体的重要手段。而进行互动的基本操作，就是我们要及时回复用户的评论和私信，显示我们对他们的重视和关注。这不仅能增强互动性，还能与用户建立良好的关系。随后我们可以选择通过发起讨论和活动，鼓励用户参与和分享他们的观点和经验。例如，可以通过发布话题标签、举办线上活动、组织直播互动等方式，提升粉丝群体的活跃度。

对于自己的评论区，也不要让它太过冷清，鼓励用户互动讨论，不仅能增加内容的多样性，还能增强用户的归属感和参与感。例如，我们可以鼓励用户分享使用产品的照片和视频，并在他们自己的社交媒体账号上展示这些内容，然后我们可以使用官方账号进行评论、转发等操作。

此外，我们还要进行分析总结，定期分析社交媒体平台的数据和用户反馈，了解内容的表现和受众的偏好。通过数据分析，优化内容创作策略，提高内容的质量和效果。如果在运营新媒体平台时能在数据层面做到知己知彼，那么离成功就会更近一步。

小张是一名摄影爱好者，他想利用这个爱好来开展一人商业，但是觉得仅靠自己身边人的力量，难以获得太多收益，于是他决定通过社交媒体平台分享他的摄影作品和摄影技巧，以此来进行线上交友，获取更多用户的关注。

在进行平台选择和内容创作时，由于小张比较擅长拍少女人像，他选择了小红书和抖音作为主要平台。他在自己的小红书账号上会经常发布高质量的摄影作品，积攒一段时间后编辑成短视频发到抖音平台，展示他的摄影技巧和创作过程。

在积累了一部分热爱摄影的粉丝之后，小张丰富了自己的投放计划，他决定在小红书上每周至少发布四次摄影作品，在抖音上每周要发布两个视频。同时，他还在这两个平台定期开展直播互动，与粉丝分享他的创作心得和经验。

虽然创作强度增大了，但是小张也没有忽略内容质量，他确保每一张照片和每一个视频都具有高水准。他也会及时回复粉丝的评论和私信，偶尔还发起一些摄影话题讨论和线上活动，鼓励粉丝参与和分享他们的摄影作品。

对社交媒体平台的高效利用，让小张吸引到了大量的目标用户前来约拍。此外，他丰富的摄影知识储备也吸引到了大量学员，他顺势开了一些线上摄影技巧的教学课程。通过以上策略，小张成功地利用社交媒体平台输出了他的摄影理念和技巧，不仅建立了忠实的粉丝社团，还实现了多种变现途径，获得了显著的商业成功。

由此可见，社交媒体平台不仅是输出想法的渠道，也是实现将想法转化为金钱的重要途径。我们如果已经积累了一定数量的粉丝，那么不妨试试通过在内容中插入广告或与品牌合作推广产品的方式获得广告收入。比如在短视频中插播一些广告，能够最低程度地影响用户观看，同时还可以悄无声息地完成推广。

同时，我们还可以在社交媒体平台上直接销售产品或服务，实现电商变现。毕竟有时人们在浏览自己想看的内容时，其购买欲望也会大大提升，因此在社交媒体平台直接增加购物板块，能够将利益最大化。我们如果有相关的技能特长，将其转化为课程进行销售，也是一个不错的选择。

4.3 电商经济下，每个人都可以开一家小店

随着互联网的迅猛发展和电商平台的普及，开设线上店铺，已

不再是一个遥不可及的梦想。电商经济为一人商业从业者提供了前所未有的机遇，使得每个人都可以通过网络平台，展示和销售自己的产品。

同时，媒体平台和电商平台的融合也降低了创业的门槛，一人商业从业者无需投入大量资金即可开设自己的店铺。像抖音开设商城、淘宝开设短视频栏目，这种融合使得我们无需租赁实体店铺，无需大规模库存，只需一台电脑或手机，便可开启电商之路。而网络店铺最大的好处就是，它打破了地域限制，使得一人商业从业者可以面向全国乃至全球市场销售产品。通过网络，我们可以接触到更多的潜在用户，扩大销售渠道，提升销售额。

想要开设一家成功的小店，选择合适的电商平台是至关重要的。不同的平台有不同的特点和优势，根据我们的产品和目标用户选择合适的平台，可以事半功倍。以下是几个主要的电商平台及其特点：

1. 淘宝和天猫

淘宝是中国最大的 C2C 平台，适合各种类型的小商家。天猫则是 B2C 平台，适合有一定规模和品牌的商家。淘宝和天猫的用户基数庞大，流量大，但竞争也非常激烈。新手可以从在淘宝上开店开始，通过积累经验和提升口碑，将店铺逐步升级到天猫。

2. 京东

京东以 B2C 模式为主，注重产品质量和物流服务。京东适合销售电子产品、家电、数码产品等高品质商品。入驻京东需要一定的资金和资质，但能享受更高的信任度和用户转化率。

3. 拼多多

拼多多以低价和团购模式迅速崛起，适合低价商品和农产品销售。拼多多的用户群体主要是三、四线城市和农村地区，对价格敏感度高。通过拼多多，可以快速提升销量和积累用户。

4. 抖音小店

随着短视频的火爆，抖音小店成为新的电商模式。通过抖音小店，可以直接将商品与短视频、直播结合，实现边看边买的购物体验。适合有一定粉丝基础和视频创作能力的商家。

5. 微店

微店依托微信生态，适合朋友圈和社群营销。微店操作简单，适合一人商业从业者和小微商家。微店可以利用微信的社交属性，实现快速传播和销售。

所有线上商业模式的第一步都是大同小异的，那就是根据自己的产品特点和目标用户群体，选择合适的平台进行入驻。目前，主流的电商平台有淘宝、京东、拼多多等，此外还有一些专注于特定品类的垂直电商平台，如小红书、得物等。在入驻电商平台前，需准备好相关的开店资料，包括个人身份证明、品牌授权书等。此外，还需准备好详细的产品信息、高清产品图片和视频等。

并且，线上店铺同样要进行"装修"，不过这可不是传统意义的装修，而是对自己的店铺页面进行美化。通过设计美观、简洁的店铺页面，展示品牌形象和产品特色，吸引用户点击和购买。同时，我们需要将产品信息详细填写并上架，确保产品描述准确、图片清晰，提升用户的购买体验。

店铺"装修"完毕后，接下来我们还需要制定有效的营销策略，提升店铺曝光率和销售额。例如，可以通过平台的推广工具进行付费广告投放，通过社交媒体进行内容营销，通过直播带货进行产品推广，等等。

当然，任何商业模式都不能只顾着卖货，而忘了售后服务。提供优质的用户服务是提升用户满意度和忠诚度的重要手段。及时回复用户咨询，处理订单问题，提供完善的售后服务，可以确保用户拥有良好的购物体验。

小娟是一名家庭主妇，喜欢制作手工皂。她通过电商平台开设了一家手工皂店，从家庭手工制作开始，逐步发展成一个小型手工皂品牌。她最开始是通过微信朋友圈做小规模贩售，后来经过朋友的点拨，学会了使用抖音等社交平台进行推广，分享有关手工皂制作过程和使用心得的视频，吸引了大量粉丝和用户的关注。如今，她的手工皂店不仅在线上销售，还拓展到了线下市场，实现了从家庭主妇到创业者的华丽转身。

小李是一名大学生，喜欢潮流时尚，他通过学习服装设计的姐姐了解到了许多服装产业的行情，便通过淘宝平台开设了一家潮流服饰店，专注于销售年轻人喜欢的时尚单品。由于小李自己平时的爱好就是研究潮牌，因此他有精准的市场定位和独特的产品设计。他的服饰店由于具备个性十足的设计风格，迅速积累了一批忠实客户。小李还利用直播带货和社交媒体推广，不断提升店铺曝光率和销售额。如今，他的潮流服饰店已经成为校园内外年轻人争相追捧的品牌。

在电商经济的推动下，普通人越来越容易实现自己的创业梦想。从以上两个案例中，我们能够看出一些成功电商必备的特质——热情、创新和坚持。具备这三个特质是创业成功的关键。在未来，个性化定制、社交电商都将成为电商发展的重要趋势，一人商业从业者面临的是无尽的机遇和挑战。通过选择合适的平台和商品，制定有效的运营策略，并不断优化，能让我们在竞争激烈的电商市场中脱颖而出，获得成功。

4.4 没有货源怎么办？代销模式的优劣分析

看完上一节，可能有的朋友会有疑问："想开网店，但我没有产品怎么办？"

其实，在互联网和电商迅速发展的今天，个人创业者不再需要庞大的资金投入和复杂的供应链管理就能开展业务。代销模式作为一种无需库存管理的新型电商模式，正在为无货源创业者提供便利。

代销模式听起来好像有些陌生，但其实我们早就见过了——想一想"一件代发"的广告是不是随处可见？没错，代销模式就是一种无需持有库存的零售方法。具体而言，商家可以在其电商平台或网店上销售产品，但并不实际持有这些产品的库存。当用户下单后，商家将订单和配送信息转交给供应商，由供应商直接发货给用户。商家在此过程中作为中间商，赚取产品售价与供应商批发价之间的差价。

代销模式的这种独特运作方式，让它格外适合我们一人商业的从业者，因为这意味着我们无需库存投资。如果是在传统零售模式下，作为商家，我们需要购买大量货物用作库存，不仅进货要花钱，存储要花钱，还要面临卖不出去的风险，这就会导致前期投入的成本非常之高。而在代销模式下，我们无需提前购买库存，只需支付平台费用和少量的营销费用即可开始运营。并且由于没有库存管理和仓储成本，其运营成本显著降低。

此外，供应链管理的简化也使得我们能够专注于市场营销和用户服务。这样相对灵活的销售模式就使得我们能够随时调整产品目录，测试新产品的市场反应。如果某产品销售不佳，我们可以迅速下架该产品并更换其他产品，而不必担心库存损失。

代销模式除了实现了销售产品的多样化，还带来了全球化。电商时代是真正的地球村时代，我们可以在自己的平台销售来自世界各地的产品，这种全球化的产品供应使得我们能够满足不同用户的需求，扩大市场覆盖范围。

尽管代销模式有诸多优势，但其劣势同样不可忽视。电商时代的价格竞争异常激烈，代销模式门槛又比较低，导致市场竞争更为可怕。许多商家为了吸引用户，不得不降低售价，这在一定程度上压缩了利润空间。并且，供应商的定价和物流成本是我们无法控制的，成本波动较大，这又进一步压缩了利润空间。此外，某些平台收取的佣金和交易费用也影响了我们的利润率。

在这种代销模式下，我们无法直接控制产品质量，产品的好坏完全取决于供应商的诚信和质量控制能力。如果供应商提供的产品质量不佳，我们可能会面临大量退货和投诉，影响店铺信誉。并且，由于代销商家的产品来自不同供应商，产品质量和服务水平的不一致可能导致品牌口碑降低。

而且供应商直接负责发货，我们就无法直接控制物流速度和服务质量。如果供应商发货延迟或物流服务不到位，用户的购物体验将受到影响，很容易导致差评和用户流失。这种"一件代发"的形式也会给我们的售后工作带来不小的压力，在处理售后问题时，我们可能需要与多个供应商沟通协调。这增加了售后服务的复杂性和处理时间，影响了用户满意度。

在库存方面，代销模式也比较"听天由命"。因为供应商的库存状况会直接影响到我们的销售，如果供应商库存不足或突然断货，我们将无法及时满足用户需求，导致订单取消和用户流失。

为了更好地理解代销模式的实际应用，我们来听听创业者小王的故事：

小王是一名在校大学生，课余时间也想发展一人商业。但作为学生的她，手头并没有什么资产，于是打算采用当下流行的代销模式创业。通过长达数月的市场调研,小王确定了她的目标市场是年轻的时尚用户。她根据网络上的相关评价,筛选了几家信誉良好的供应商,来确保产品质量和物流服务。在这些店铺内,小王选择了几款独特的时尚饰品作为核心产品,并采购了样品回来,自己试戴拍照,突出产品的时尚设计和高性价比。

在店铺装修方面,小王设计了一个时尚、简约的店铺页面,使用高质量的产品图片并详细地描述产品。同时,她利用自动化管理插件,简化了订单处理和库存管理流程,提高了自己店铺的运营效率,这样就不至于在白天上课的时候流失订单。

此外,小王也在社交媒体平台进行营销,发布时尚搭配指南和产品展示图片,吸引了大量粉丝关注。通过以上策略,小王成功地在平台上建立了一个时尚饰品代销店,迅速积累了稳定的客户群体,并获取了可观的收入,接下来几年的学费和生活费,基本不用发愁了。

从小王的故事中我们可以看出,代销模式作为一种无需库存管理的电商模式,为个人创业者提供了低成本、高灵活性的创业机会。代销模式尽管具有低启动成本、低风险、产品多样化和运营便捷等优势,但也面临不少难以处理的问题。所以说,想要成为成功的代销商,就需要选择合适的平台,做好调研并精心打造产品,优质而高效的售后服务也必不可少。只有这样,我们的电商生意才能实现可持续发展。

4.5 人人都是老师，付费学习的兴起

随着互联网技术的发展和信息的广泛传播，传统的教育模式正在发生巨大的变化。越来越多的人开始利用在线平台分享自己的知识和技能，成为各自领域的"老师"。

无论我们是专家学者、行业从业者，还是某一领域的爱好者，只要存在信息差，我们就可以通过互联网分享知识和经验。正是因为人人可以上网冲浪，才使得更多的人选择在线上进行学习和交流。这种新的学习方式不仅打破了传统教育的界限，也为个人创造了新的收入来源。

那么这种线上付费学习因何兴起呢？最重要的是知识付费观念的普及：随着知识经济的兴起，人们逐渐认识到知识和技能的价值，愿意为优质的教育资源付费，这也与版权意识的加强密不可分。付费学习平台为内容创作者提供了稳定的收入来源，鼓励更多的人投入知识分享中。

线上付费学习还有着低门槛的特点：只要是有一技之长的用户，就可以通过在线平台分享知识，随时摇身一变成为一名线上教师，满足了很多人的分享欲。同时，相比于线下教学，线上学习也有着独特的优势：个性化与终身化。个性化学习是指学习者可以根

据自己的兴趣和需求，选择适合自己的学习内容和学习方式，不再受限于传统教育的课程设置，这种自由便利的学习模式让用户十分满意。而终身学习则是指在现代社会中，越来越多的人愿意通过付费学习不断丰富自己的知识，提升自己的技能，这种学习热情覆盖了几乎所有年龄段的人们。凭借着这两大特性，线上学习吸引了大量用户的参与热情，掀起了网上的求知热潮。

这些学习者需要的知识大体分为两种。其一是专业知识：人们总是更加愿意为专家的专业知识和经验付费，尤其是在特定领域或高难度学科中。其二就是实践技能：理论知识的学习不足以满足所有的学习者的需求，很多人更希望掌握实际操作技能，如编程、设计、营销等。

作为一人商业的创业者，我们该在哪里开启这门生意呢？在线教育平台是当下比较主流的付费学习方式，比如 CCtalk、腾讯课堂、网易云课堂等，它们为教师提供了便捷的课程制作和发布工具，同时为学习者提供了丰富的课程选择。除了它们之外，抖音这类的社交媒体平台也可以通过视频和直播形式分享知识，吸引大量观众。

目前的在线教育平台通常提供互动和反馈机制，如实时答疑、作业批改、学习社群等，提升学习者的参与感和学习效果，这些都是能够提升用户的学习体验的。同时，客制化也是一项比较重要的指标，线上教育一定要能够迎合用户期望的学习时间和方式，这样才能保证学习环境和氛围。

不过，尽管付费学习模式具有诸多优势，但在实际操作中也面临着一些挑战：

首先，由于门槛较低，线上学习的内容鱼龙混杂，如果想做一个优质的内容创作者，我们不仅需要投入大量时间和精力，来确保课程内容的专业性和实用性，还要思考引流策略，在众多同行当中"杀出重围"，取得流量。其次，线上学习的知识产权也比较难以保护，如果选择的平台不靠谱，我们也需要采取诸多措施来保护知识产权，防止课程内容被盗用或非法传播。

对于学生们而言，学习动力不够强劲可能也是个问题。在线学习缺乏传统课堂的约束和监督，学习者需要自我激励，保持学习动力。同理，缺少教师的陪伴，学生们对学习效果的评估可能会产生偏差。此时，需要我们设立好作业要求和及时反馈机制，帮助学习者检验学习效果，确保学习目标的实现。

李老师是一名英语爱好者，有过留学经历的她，拥有着多年的实践经验。她决定尝试开设自己的英语课堂，教授英语语法、口语和写作技巧。首先，李老师选择了一个用户基础广泛、功能强大的在线教育平台。该平台提供了丰富的教学工具和推广资源，可以帮助她快速构建影响力。

在授课内容方面，李老师精心制作了系列英语课程，包括视频课程、直播课程和互动问答。在试听课中，她通过清晰的讲解、生动的例子和实用的练习，吸引了大量学习者。李老师设置了会员订阅模式，学习者可以按月或按年订阅，享受全部课程和资料。同时，她还提供了一些高级课程和专属服务，按内容收取费用。

除了在该教育平台推广外，李老师还通过小红书等社交媒体、微商团购等渠道推广自己的课程。不仅有课程介绍和试听课，还有许多实用的英语小技巧，这吸引了更多人来关注和参与。

通过这些方式，李老师的英语课堂迅速获得了成功，积累了大量的忠实粉丝和学生。她的课程不仅帮助学习者提高了英语水平，也为她自己带来了丰厚的收入。

人人都是老师，在付费学习的时代，每个人都有机会通过分享自己的知识和技能，实现个人商业目标。随着互联网技术的不断进步和知识经济的发展，付费学习模式将会越来越普及。这一模式不仅为个人创造了新的收入来源，也为学习者提供了更加灵活、便捷和个性化的学习方式。尽管付费学习面临种种挑战，但随着技术的不断进步和市场的成熟，付费学习模式将会占据更多的教育市场，为更多的人带来提升自己的机会，也为更多创业者带来收益。

4.6 互联网小任务变现，灵活利用碎片时间

在这个快节奏的时代，谁不是坐上公交刷两个抖音视频，就切换到微信回复几条工作消息，再打开微博看看热搜榜单？我们的时间似乎被工作、生活和各种APP切割成一段一段的了。

那这些碎片时间就没有任何用处吗？不是的！利用好这些碎片

时间，我们也可以开展一人商业。互联网的普及和技术的发展，为个人利用碎片时间提供了各种各样的机会，使我们可以利用碎片时间完成一些小任务来赚取收入。这种方式不仅灵活，而且适合拥有不同背景、技能和兴趣的人群。

互联网小任务变现的灵活性，是用户选择它的一大原因。我们可以在任何时间、任何地点完成任务，不受固定工作时间和地点的限制。这使得小任务变现非常适合那些拥有很多碎片时间的人群，如学生、家庭主妇、自由职业者等，而上班族也可以在自己的空闲时间做一些小任务以获得额外收入。这些往往不需要专业技能，只需简单的操作和基础知识即可完成。这使得任何人都可以参与，无需特定的学历或经验，大多数的用户只需一台联网的设备（如手机、电脑）即可开始任务，无需额外的资金投入。这大大降低了变现的门槛。

通过互联网平台，我们可以在等待公交、排队、休息间隙等零散时间内完成各种小任务，从而实现额外的收入积累，甚至尝试逐渐将其转变为一种稳定的商业模式。那么这类互联网小任务到底是什么呢？其实这是指那些可以通过互联网完成的简单任务，通常耗时较短、操作简单、门槛较低。以下是一些常见的互联网小任务类型：

1. 微兼职和众包任务

微兼职和众包任务包括填写问卷、数据录入、信息核对等。这些任务通常发布在众包平台或兼职网站上，我们可以根据自己的时间和兴趣选择合适的任务完成。

2. 在线调查和市场研究

许多企业和研究机构会发布在线调查问卷，通过收集用户的反馈和意见来进行市场研究。参与者只需要花费几分钟时间填写问卷，就可以获得一定的报酬。

3. 内容创作和翻译

如果我们擅长写作或精通多种语言，可以通过内容创作和翻译来赚取收入。许多网站和平台提供文章撰写、文案编辑、翻译等任务，我们可以根据自己的特长选择合适的工作。

4. 微任务和点击广告

微任务和点击广告是指一些非常简单的小任务，如观看广告、点击链接、注册账号等。这类任务操作简便，通常每个任务的报酬较低，但胜在数量多且灵活。

5. 在线客服和虚拟助理

作为在线客服或虚拟助理，我们可以帮助企业或个人处理一些日常事务，如回复邮件、安排日程、处理用户咨询等。这类工作通常需要一定的沟通能力和组织能力，但也可以灵活安排时间。

互联网上目前有许多规模不同的小任务平台，它们提供了大量简单的任务，如数据标注、问卷调查、文字校对等。我们可以根据自己的兴趣和时间选择任务来完成，并获得相应的报酬。老一辈常说"积少成多"，这句话同样适用于此，虽然每个任务的报酬较低，但通过积累大量任务，我们可以获得可观的收入。这种方式尤其适合那些有大量碎片时间的人，他们可以同时完成多个平台的任务，通过高效利用时间实现收入积累，降低了依赖单一收入的风险。此时有些朋友可能想问：这种互联网小任务能够代替我们的主业吗？很遗憾，答案基本上是否定的。

首先，许多小任务的报酬偏低，需要大量时间和精力才能积累可观的收入，如果有这些时间的话，为何不去做一份全职工作呢？大多数接取小任务的人需要在任务选择和时间管理上进行优化，才能避免低效的时间浪费，而即便这样，小任务的收益也远远比不过大多数的主业。

同时，这些小任务的质量也是参差不齐的。某些平台上的任务质量较差，可能存在信息不准确、操作复杂等问题，影响我们的工作体验和效率。很多网络平台还存在一些信誉问题，有时会出现任务发布者不支付报酬，或者平台抽成过高的问题。因此我们在选择平台时需要注意平台的信誉和用户评价，避免上当受骗，或者花了不少时间，却只拿到一点点薪酬。

不过在操作过程中，如果遇到靠谱的任务，我们也可以转变思路，利用信息差来赚钱。

李妈妈是一名设计师，由于平时需要照顾孩子和处理家庭事务，时间较为零碎。为了增加家庭收入，她决定利用互联网小任务赚钱。在接任务的过程中，李妈妈接触到一个将图片背景抠除的任务，报酬是10元每张。做了一段时间后，李妈妈发现这个任务的来源非常稳定，任务的报酬也还算可观，但如果自己单独完成，每天能够处理的数量有限，收入也受限。

于是李妈妈找了一些设计师朋友，经过沟通后，他们愿意以8元1张的价格来接这个抠图的任务。为了确保任务的完成质量和效率，李妈妈给这些合作伙伴制定了详细的任务要求和标准。就这样，李妈妈将任务转包了出去，自己赚取其中2元每张的差价。

随着转包任务的成功，李妈妈逐渐接到更多的抠图任务。她通过优化工作流程，合理分配任务，不仅提升了效率，还保证了任务的完成质量。随着业务量的增加，李妈妈意识到自己可以进一步提升收入和效率。她决定转型为"包工头"，直接与小任务的发起方合作，承接大批量的抠图任务。

李妈妈通过平台上的任务发布者，找到了任务的发起方，主动联系并展示自己的工作成果和效率。她提出了合作的建议，并承诺提供高质量的抠图服务。在多次沟通和谈判后，李妈妈与任务发起方签订了长期合作协议。她以批量接单的形式，获取了大量的稳定任务，并获得了更高的报酬。

通过转变思路和利用信息差，李妈妈在互联网小任务中实现了显著的收入增长。她不仅赚取了可观的差价，还省去了劳累和辛苦。更重要的是，她通过合理的任务分配和高效的团队管理，逐渐转型为一名"包工头"，与任务发起方建立了长期稳定的合作关系。李妈妈的成功经验说明：不仅可以利用碎片时间完成互联网小任务以变现，还可以通过灵活的思路和策略，获得更高效、更稳定的收入。

第五章 再小的自媒体，也能轻松变现

5.1 八个通路，精准引流目标群体

在上一章中我们了解到，不管是销售实体产品，还是进行课程售卖，其中都少不了新媒体平台的推广和帮助。因此对于一人商业的从业者来说，做一名自媒体博主是不可或缺的。而对于自媒体博主而言，流量就意味着金钱。因此，精准引流，提升品牌曝光率和用户转化率，成为我们成功开展一人商业的关键。

下面我们就一起看一下自媒体引流的几种方式：

1. SEO 与付费广告投放

通过 SEO，我们可以提升自己网站或自媒体内容在搜索引擎中的排名，例如搜索"美食"时，如果我们的排名较高，就会处于搜索结果的前几条，那么用户点进来的概率就会大很多。我们需要通过研究关键词，了解目标用户的搜索习惯和需求。同时，使用百度指数等工具，找到那些高搜索量、低竞争度的关键词，并合理布局在标题、描述、正文中。

此外，付费广告投放也是一种有效的引流手段。我们可以通过百度推广等平台，投放关键词广告，精准覆盖有搜索需求的目标用

户。根据关键词竞争度和用户行为，调整策略，提高广告投放效果。不过这两种方式都适合较大体量的商业模式，如果我们还处于刚起步的阶段，可以等后期再进行考虑。

2. 社交媒体营销

社交媒体是引流的主要渠道之一。根据目标用户的特点，选择合适的平台至关重要。例如，年轻用户群体集中在抖音、快手、小红书，职场人士偏爱微博、知乎或是微信公众号。在制定平台策略时，应考虑内容形式、发布频率和互动方式，以使引流效果最大化。

高质量的内容亦是吸引用户的关键，我们应结合平台特点，制作符合受众喜好的内容，如短视频、图文并茂的帖子、互动问答等。同时，通过定期更新、和粉丝讨论热点话题等，提升内容曝光率和用户黏性。

3. 内容合作推广

与其他内容创作者、KOL（关键意见领袖）合作，可以扩大内容覆盖面和影响力。通过联合发布文章、发布视频、直播等形式，我们可以跟对方共享双方的粉丝资源，实现互利共赢。

除了跟人合作外，也可以跟平台合作。例如，在知名网站上发表客座文章，展示专业知识和观点，也能吸引目标用户访问自己的网站或社交媒体平台。在进行平台合作时，我们要注意选择那些与行业相关、流量较高的平台进行合作，这样效果更佳。

4. 社群运营

通过微信、QQ、小红书等平台，我们可以建立垂直领域的用户社群，提供专业的知识分享、经验交流和互动的平台。社群成员之间的互动能提升用户黏性和忠诚度。

我们可以采取定期策划和举办线上、线下活动的方式来引流，如主题讨论、问答互动、线下沙龙等，增强社群活跃度和用户参与感。同时，通过活动宣传和报道，可以吸引更多目标用户加入社群，转化为我们的用户。

5. 内容分发平台

我们还可以通过内容分发平台来广泛引流，现在的内容分发平台较多，如今日头条、百度百家、知乎等，都各自拥有庞大的用户基数和高效的算法推荐机制，可以帮助我们迅速获得曝光和关注。

不过每个平台用户的特点不同，我们也应根据平台特点，将之前发布的内容修改为符合该平台用户喜好的内容，提升内容的阅读量和互动率，扩大品牌影响力和用户覆盖面。

6. 电商平台引流

其实如淘宝、京东、拼多多等电商平台，不仅是销售产品的渠道，也是引流的重要途径。通过优化店铺页面，发布高质量的产品图片和详细的文字描述，我们可以提升用户的购买欲望。同时，通过参与平台活动、设置优惠券和满减活动，也能够吸引更多用户访问店铺和购买产品。

此外，现如今电商平台也都加入了社交和娱乐属性，比如淘宝就推出了分享购物车、看视频获取金币红包等活动。我们也可以利用平台的近期发展方向，对自己的店铺进行相应的引流。

7. 线下活动引流

线下活动如展会、沙龙、培训等，也是引流的重要途径。通过组织或参与行业相关的线下活动，我们可以直接接触目标用户，展示产品和服务，建立信任和互动。同时也别忘了线上、线下结合的力量，通过线上宣传和报道，我们还能吸引更多用户参与线下活动，提升品牌知名度和用户黏性。

8. 口碑营销

"大家好，才是真的好！"通过提供优质的产品和服务，我们可以赢得用户的口碑和信任，这些就是我们继续推广的方向。利用用户评价、案例分享、使用心得等形式，展示真实的用户体验，增强潜在用户的信任感和购买欲望，我们可以使之成为一个良性循环。

此外，我们也可以建立用户推荐奖励机制，鼓励现有用户推荐新用户。推荐奖励可以是折扣、积分、礼品等，来激励用户主动分享产品或服务，提高用户转化率和忠诚度。

精准引流，是一人商业从业者在互联网时代成功的关键。通过合理利用以上八个通路，我们可以有效吸引目标群体，提升品牌影响力和用户转化率。选择合适的引流通路，结合自身的内容定位和目标受众,通过多渠道、多方式的引流策略,实现流量的持续增长和转化,便可以为自媒体变现打下坚实的基础。

未来,随着技术的不断进步和用户需求的变化,引流策略也将不断演变和优化。我们应保持敏锐的市场洞察力,灵活调整策略,实现业务的持续增长。

5.2 内容创作与粉丝经营

如果问我们:"做自媒体什么最重要?"想必十个人中有八个会说:高质量的内容。在自媒体行业中,内容创作是自媒体运营的核心环节,也是成功变现的关键。

高质量的内容是吸引和留住粉丝的不二法宝,而成功的粉丝经营则能将受众转化为忠实用户,提升品牌价值和商业效益。因此,打造优质内容,吸引并留住粉丝,是每个自媒体人必须掌握的技能。

首先我们要明确:内容定位是内容创作的基础。明确自己的定位,了解目标受众的需求和兴趣,才能创作出有吸引力的内容。所以,我们要先结合自身的优势和兴趣,选择自己熟悉且擅长的领域,如美妆、科技、健康、教育等。然后可以通过调研了解目标受众的需求，明确他们的兴趣、需求和痛点，创作能够解决他们问题或满足他们兴趣的内容。最后才是确定独特的内容风格，包括语言风格、视觉风格等，以保持内容的一致性和独特性。我们可以根据内容和受众选择如幽默风趣、严谨专业或轻松随意等风格，以便与受众建立情感连接。

将内容定位后，我们还要制订详细的内容规划，这有助于保持内容的连贯性和持续性，还能同步提升粉丝的黏性和平台的推荐权重。因此，我们不妨列出一系列与定位相关的主题，确保内容多样化且连贯，同时，制定内容发布时间表，保持规律的更新频率。我们还可以根据不同平台和受众偏好，选择合适的内容形式，如文字、图片、视频、音频等。

高质量的内容是赢得粉丝信任和口碑的关键，我们应注重内容的逻辑性、专业性和可读性，确保内容的准确性和权威性。在内容发布前，我们需要进行充分的资料收集和研究，以确保内容准确、丰富且有深度。在创作中，则一定要坚持原创原则，避免抄袭和重复内容，为受众提供独特的价值。内容结构应清晰明了，使用小标题、段落分隔、列表等方式，使内容易于阅读和理解。此外，由于受众大多为年轻人，因此最好注重视觉效果，使用精美的排版、高清的图片和流畅的视频，可以提升内容的吸引力。

最后，也别忘了"蹭热点"。在内容创作中，持续创新是保持竞争力的重要因素。作为自媒体，跟踪热点是永远不会错的，关注行业动态和社会热点，及时创作相关内容，增加曝光度。我们可以通过互动了解受众的兴趣和需求，比如邀请受众参与内容创作，如投票、问答等方式。此外，内容创作方面切忌贪图安逸，要不断尝试新的内容形式和风格，探索更多可能性，保持内容的新鲜感。

至于粉丝经营方面，与粉丝互动永远是提高粉丝忠诚度的重要手段。通过互动可以增加粉丝的参与感和归属感。我们应及时回复粉丝的评论和私信，解答他们的问题，感谢他们的支持，展示自己对粉丝的重视和关心。同时也可以定期举办互动活动，如有奖问答、在线直播、抽奖等，提高粉丝的忠诚度。此外还可以鼓励粉丝创作与分享内容，如投稿、标签挑战等，增强粉丝的归属感。

在当代的网络环境中，大家是喜欢"抱团取暖"的，所以建立粉丝社群是加强粉丝互动和凝聚力的有效方法。我们可以从创建微信群、QQ群、小红书群等社群开始，提供专业知识分享、经验交流和互动平台，方便粉丝交流和互动。此外还可以让一些活跃的粉丝来做社群管理员，维护社群秩序，定期发布公告和活动通知，增加社群活跃度。

对于忠实粉丝，可以提供一些增值服务，这是提升粉丝黏性和实现商业变现的重要手段。我们可以根据粉丝的需求，提供定制化的服务和产品，如VIP会员、付费课程、专属咨询等。通过提供高质量的增值服务，提升粉丝的满意度和忠诚度，增加收入来源。

最后，数据分析也能够很好地帮助我们了解粉丝的行为和需求，以不断优化内容和运营策略。通过定期分析平台的数据，关注内容的阅读量、点赞量、评论量等指标，我们可以评估出内容的效果。根据数据分析的结果，优化内容创作和粉丝经营策略，提升内容质量和用户体验。

内容创作与粉丝经营是一人商业模式中不可或缺的两大核心。通过合理利用上述策略和方法，我们可以有效进行内容创作和粉丝经营，提升品牌影响力和用户黏性，实现商业变现。在自媒体时代，持续输出优质内容，积极与粉丝互动，不断优化策略，才能在激烈的市场竞争中脱颖而出，实现商业成功。

5.3 成功的自媒体人的案例分析

在一人商业模式中，自媒体运营是一种极具潜力的创业形式。成功的自媒体人通过独特的内容创作和有效的运营策略，不仅实现了个人品牌的塑造，还获得了可观的经济收益。本节将分析两位成功的自媒体人的案例，探讨他们在内容创作、粉丝经营和变现等方面的经验，帮助读者从中汲取灵感和启示。

1. 小姜的案例分析

小姜是知名的短视频创作者和网络红人。她以其个人风格浓厚的时事锐评，在短时间内就吸引了大量粉丝，被誉为新一代的"网红女神"。那么她的成功之路有什么可以借鉴之处呢？

首先是独特且具备个人特色的风格：小姜的视频是走幽默搞笑路线的，这与她本人的经历密切相关——她是一位表演系的学生。在视频中，她用诙谐的语言和夸张的表情，评论社会现象和热点话题，深得观众喜爱。除了风格以外，更新频率在初期更为重要，小姜在起步阶段风雨无阻，坚持高频率更新视频，保持了观众的关注度和互动率。这种高频率更新的策略，有助于迅速积累粉丝。小姜不仅依赖抖音这一个平台，也在微博和微信上发布内容，还在多个视频平台如新浪、B站等同步更新，扩大了受众范围。

2. 小董的案例分析

小董是一位专注于古风音乐创作的自媒体人。她以其独特的音乐风格和优美的嗓音吸引了大量喜爱古风音乐的粉丝。

小董运营的精妙之处在于，专注于古风音乐这一细分领域，通过独特的音乐风格和形象定位，打造了鲜明的个人品牌。而她的每一首作品都经过精心打磨，无论是词曲创作还是录制，都达到了专业水准，赢得了观众的认可。在此之后她通过社交媒体与粉丝保持紧密互动，定期举办线上、线下的粉丝见面会，提升了粉丝的忠诚度和黏性。在这以后，小董的账号有了粉丝基础，无论是靠打赏还是带货，都能得到十分可观的收入。

这些成功的自媒体人通过独特的内容创作、精准的粉丝经营和多样化的变现方式，实现了个人品牌的塑造和商业成功。他们的案例为一人商业模式提供了宝贵的经验和启示。在实际操作中，自媒体人需要根据自身的特点和资源，制定合适的运营策略，不断创新和优化，才能在激烈的市场竞争中脱颖而出，实现商业目标。

第六章 做电商的底层思路——洞悉市场趋势

6.1 开设个人网店的步骤与技巧

除了上一章所说的自媒体外,开设个人网店也已经成为许多创业者的首选途径。无论是兼职创业,还是全职经营,个人网店都为个体提供了低成本、低风险的创业机会。通过网店,个人创业者可以将自己的产品或服务直接展示给广大的互联网用户,实现低成本、高效率的商业运营。

在开设个人网店之前,我们首先需要选择一个合适的平台。目前,常见的电商平台主要有以下几种类型:

①综合电商平台:如淘宝、京东、拼多多等,这些平台流量大、用户多,适合初期没有流量基础的卖家。

②垂直电商平台:如小红书、得物等,这些平台针对特定品类的商品,适合有明确商品定位的卖家。

③社交电商平台:如微信小商店、微店等,通过社交网络进行推广和销售,适合有一定社交资源的卖家。

在我们选择平台时,需要考虑以下几个因素:第一,要了解不同平台的用户群体特点和市场定位,选择与自己产品匹配的平台。第二,要注意的是,不同平台的费用结构不同,包括开店费、佣金、广告费等,需要综合考虑成本和收益。第三,我们应当了解平台的运营规则和政策,确保自己的经营行为符合平台要求。第四,别忘记评估平台的技术支持和功能,选择操作简便、功能齐全的平台。

在开设个人网店之前,我们还需要确定网店售卖的品类,并准备好一些基本资料,例如身份证、手机号、邮箱等,当然,银行账户信息也是必不可少的;如果以企业名义开店,还需要提供营业执照、税务登记证等资料。

接下来就是一些商品资料的准备了,每一项也都有着对应的注意事项。比如在起商品名称时,我们要准备一个清晰、具有吸引力的商品名称,最好带有一些个人特色,提升辨识度。在商品描述方面,我们则需要尽可能详细,包括规格、材质、功能、使用方法等,以打消用户疑虑。对于商品的图片,除了保持高清、真实以外,最好还能从多个角度展示商品。对于商品价格,我们需要制定合理的定价策略,考虑成本、市场行情和自己的利润空间。最后要注意的就是库存信息了,不管是自有产品还是代销产品,我们都要合理安排库存,避免缺货,同时确保产品供应的及时性。

将准备好的商品资料上传到平台,完成商品的上架操作。注意商品的标题、描述、图片等信息的准确性和一致性。后续还要考虑关键词优化——根据用户搜索习惯,选择合适的关键词,优化商品标题和描述,提高商品的搜索排名。

安排好商品,我们就该对店铺进行一些美化了,也就是我们之前提到过的"装修"。我们可以根据产品风格和目标用户群体特点,设计店铺的整体风格和页面布局,比如:目标用户是年轻群体就可以将店铺设计成酷炫一点的风格，而目标用户多为老年人则可以设计成朴实一点的风格。

在实操时，我们可以使用电商平台提供的模板，也可以聘请专业设计师。不管由谁来操作，都应合理地安排页面布局，使用户能够方便浏览和购买商品。在色彩方面，尽可能选择与品牌风格一致的色彩搭配，保持页面的统一性和视觉美感。还要有清晰的商品分类和导航，方便用户快速找到所需商品，因为过于繁复的页面会很容易让用户失去耐心，转而选择其他店铺。

最后，我们还需要重视用户评价和反馈，及时回复和处理用户的问题，提升商品的口碑和信誉。利用平台提供的广告投放工具，如直通车、钻展等，提升商品的曝光度和点击率。参加平台的促销活动，如"双十一""618"等，借助平台的流量红利，提升销量，并通过店铺公告、直播、短视频等形式，增加与用户的互动，提升用户的购买意愿。

若是想要扩大宣传力度，我们不妨利用微信公众号和小程序，进行商品宣传和销售，增加用户的黏性和转化率。还可以通过微博、抖音、小红书等社交平台，发布商品信息和用户评价，吸引潜在用户。如果经济条件允许的话，还可以考虑与KOL合作，通过他们的影响力和粉丝基础，提升品牌知名度和销量。外部渠道同样也是可选的推广方式，例如搜索引擎优化，它的职能是优化店铺和商品的搜索引擎排名，增加自然流量。我们还可以通过联盟平台，与其他网站或博客合作，进行商品推广和销售。

至此，我们就算是把店开起来了，也进行了初步的推广。但这远远没有结束，我们还需要分析各类数据，包括销售数据和用户数据。分析销售数据，可以了解热销产品、销售趋势等，调整经营策略。分析用户数据，可以了解用户的购买行为和偏好，优化商品和营销策略。想要效果更好，还可以考虑建立会员制度，提供专属优惠和服务，增加用户的黏性和忠诚度。再利用社交媒体、论坛等渠道，与用户保持互动，增加用户的参与感和品牌认同感。

6.2 如何选择与推广热销产品

了解了开设网店的步骤后，我们就可以着手准备选品了。毕竟销量怎么样，最终还是依赖于产品的"硬实力"。只有选择了市场需求大、竞争适中的产品，并且有效推广，才能在激烈的市场竞争中脱颖而出。

选择热销产品的第一步是了解市场需求，具体有两大方向。第一是市场调研：我们可以通过行业报告、电商平台和第三方数据分析工具，分析市场销售数据、搜索热度、用户评价等信息，便于我们找出有潜力的大类方向。如果确定了大类，我们还可以通过问卷调查、社交媒体互动等方式了解目标用户的需求和痛点，找出未被满足的市场需求，从而有针对性地生产。第二则是竞品分析：确定方向后，我们可以分析市场上现有的产品和竞争对手，了解其销售情况、用户评价、定价策略、市场反馈及市场份额，了解市场趋势和机会。我们还可以通过微博、微信、抖音等社交媒体平台，关注热门话题和用户讨论，及时捕捉市场热点。注意，请尽量选择那些竞争适中但有潜力的产品，避免进入红海市场。

此外，确认产品定位和差异化优势，有助于我们在竞争激烈的市场中脱颖而出。我们可以根据市场需求和目标受众，明确产品的定位，如高端、性价比、实用性等。再通过创新、品质提升、服务改进等方式，打造产品的差异化优势，增加产品的竞争力。

做电商切忌挽起袖子就干，而是要心平气和、有条不紊地进行。如果我们做的是实物产品，也要格外留心供应链与成本方面的问题。不管是自己找原材料生产产品，还是使用"一件代发"的代销模式，我们都应选择可靠的供应商，确保产品质量和供应链的稳定性。同时，评估产品的物流和仓储成本，选择合适的物流合作伙伴，确保产品能够及时、完好地送达用户手中。这样我们才能综合起来考虑产品的成本和利润空间，确保在市场竞争中具有价格优势。

在我们正式推广产品之前，最好再进行一次小范围的测试，收集用户反馈，这样便于我们进行改进和优化。先通过试销活动，将产品推向小范围市场，测试市场反应，在得到第一批用户的反馈之后，我们要精心收集用户的使用体验和评价，分析产品的优缺点，进行有针对性的改进，在正式上架之前，通过数据分析，评估产品的市场表现，判断其是否具备推广潜力，如果不合格的话，需要立刻修改或者撤下该商品。

小林是一名利用业余时间开网店的创业者。他在了解了开设网店的步骤后，决定开始他的选品之旅，希望能够找到市场需求量大的热销产品。小林严格按照以下流程进行了选品：

首先，小林利用行业报告和市场调研机构的数据分析方向，发现环保产品在市场上逐渐受到关注，特别是一次性塑料替代品，如可重复使用的食品袋和饮料杯，需求量不断增加。在确定大类方向后，小林分析市场上现有的环保产品和用户反馈，发现很多用户对高质量、价格合理的环保产品有强烈的需求，但市场上大多数产品价格较高，存在一定的市场空白。于是，小林选择了一款价格适中、质量好、可重复使用的食品袋作为他的主打产品。

他将自己的产品定位于性价比高、实用性强的环保产品，针对年轻家庭和注重环保的用户。并且，在产品设计上增加了一些创新元素，如可调节大小的食品袋、易清洗材质等，增加产品的实用性和吸引力。

在正式推广前，小林还进行了小范围的市场测试。他在自己的社交圈和一些社交媒体平台上推出了试销活动，收集用户反馈。用户对他的环保食品袋反响很好，许多人表示愿意购买并推荐给朋友。本来小林以为自己的产品一经推出，肯定会热销，但现实给了他重重一击——在推广方面，他没有制定出有效的策略，缺乏系统性和长期的内容输出，导致品牌曝光度不高。

比如，对于那些测试用户，小林既没有鼓励对方留下评价和反馈，也没有建立起用户推荐奖励机制，导致应有的口碑效应没有发挥出来。同时，他也没有抓住这个好机会建立起自己的用户社群，缺乏一个可以持续沟通和维护用户的平台。

因此，虽然小林的产品在初期测试中获得了良好的反馈，但由于在推广方面做得不足，他的环保食品袋始终只在小范围内传播，没有实现大卖。这一经历让小林认识到，成功的电商经营不仅依赖于正确的选品，更需要系统且有效的推广策略来提升产品的曝光率和销售量。

小林的经历告诉我们：酒香也怕巷子深，再好的产品不被人知道就约等于没有这个产品，所以推广的重要性不言而喻。在推广中，内容营销是一个重要的手段，其含义是通过优质内容吸引用户注意，提升产品的曝光率和转化率。所以我们可以创作与产品相关的原创内容，如产品测评、使用教程、案例分享等，提升用户的信任感和购买意愿。

内容完善后，就是发布了，因而社交媒体也是推广产品的重要一环，通过社交媒体平台，能够快速提升产品的曝光率和知名度。根据目标受众的特点，我们不难选出合适的社交媒体平台，如微博、微信、抖音等，注意扩大内容的覆盖面和影响力。最后我们还可以通过一些互动营销活动，如有奖问答、用户评论等，把自己账号下的气氛搞"活"，增加用户的参与感，加强内容的传播效果。

通过以上步骤和方法，我们可以有效选择和推广热销产品，提升产品的市场竞争力和销售业绩。在实际操作中，不断学习和优化推广策略，是电商创业成功的关键。

6.3 电商卖的，不只是实物产品

想开网店，但觉得售卖实物产品需要试用、拍照，甚至还需要物流仓储，太麻烦？

其实随着互联网技术的不断发展和用户需求的多样化，电商平台上所销售的商品种类也逐渐扩展，不再仅限于有形的实物产品。比如随着知识经济的兴起，在线教育和咨询服务成为电商平台上的热门商品。个人可以通过电商平台销售自己的知识和经验。例如，职业培训、语言学习、生活技能课程等都是广受欢迎的在线教育产品。通过录制视频课程或提供一对一的咨询服务，我们能够轻松将自身的专业知识转化为收入来源。

同时，现代人对健康和健身的关注日益增加，线上健身教练和健康咨询服务也随之兴起。电商平台为健身教练、营养师等提供了展示自己专业技能的舞台。而随着网络游戏的普及，游戏内的虚拟物品市场也逐渐壮大。个人可以通过电商平台出售游戏道具、皮肤、装备等虚拟物品。这种模式尤其适合那些拥有一定游戏技能和资源的人，他们可以通过在游戏中获取稀有物品并转售给其他玩家获利。

那么这些虚拟产品的展现形式是什么样的呢？一般大体分为以下三类：

①数字产品。数字产品包括头像壁纸、电子书、在线课程、软

件模板、设计素材等。这些产品具有低成本、高利润的特点，且无需物流配送，能够更快速地满足用户需求。

②服务类产品。服务类产品包括咨询服务、设计服务、技术支持等。通过电商平台展示和推广自己的服务，能够吸引有需求的用户。

③虚拟商品。虚拟商品包括游戏道具、虚拟货币、会员订阅等。这些商品具有即时性和高频次特点，能够通过电商平台实现快速销售。

大强是一名程序员，与此同时，他也是各类网游的资深玩家，平时业余时间都沉浸在各种热门游戏中。凭借多年的游戏经验和高超的操作水平，他在游戏中积累了丰富的资源。某天，大强决定利用自己的游戏技能，在业余时间开个网店，通过电商平台做游戏代练赚钱。

他先对比了几个电商平台，发现闲鱼这种做二手商品起家的平台非常适合做虚拟产品的交易。由于闲鱼的用户基数大、用户群体较年轻且各成圈子，非常适合出售游戏代练服务，于是大强仔细阅读了平台的规则，在闲鱼上注册了一个账号。

在正式进行代练服务前，大强也进行了详细的市场调研。他了解了当前热门游戏的玩家需求和市场热度，发现一些游戏的代练需求非常高，特别是一些高级别段位的代练需求。他还分析了其他游戏代练服务的价格和用户评价，发现高质量、高效率的代练服务更受欢迎。为了在竞争中脱颖而出，大强设计了一套完善的代练服务。他根据不同游戏的需求，制定了多种代练套餐，包括提升段位、完成任务等。

做好准备后，大强在闲鱼上发布了详细的代练服务信息，包括服务内容、价格、时间等。他精心设计了商品描述和封面图片，展示自己的游戏成就和代练经验，以吸引潜在用户的关注。为了提高曝光率，大强还通过游戏直播平台展示自己的代练过程，让更多人了解和信任他的服务。大强的代练服务逐渐在游戏圈子里获得了良好的口碑。

通过业余时间做游戏代练，大强不仅赚到了可观的收入，还结识了很多志同道合的游戏好友。他的故事告诉我们，电商平台是多种商品形式的展示和销售平台。对于一人商业从业者来说，利用电商平台销售多样化的商品，不仅能满足不同用户的需求，还能实现自身的创业梦想。在互联网时代，只要充分利用自己的技能和资源，找到合适的电商平台，我们就能通过虚拟商品和服务实现财富积累。

6.4 电商平台的运营变现技巧

电商平台为我们这种一人商业从业者提供了广阔的发展空间。在电商平台上运营店铺，除了选择和推广热销产品，还需要掌握一些运营变现的技巧，才能在激烈的市场竞争中脱颖而出，获取稳定的利润。我们可以从以下几个方面考虑：

1. 产品页面优化

产品页面优化是提升用户体验和购买转化率的关键。我们需要使用高质量的产品图片和视频,展示产品的各个角度和使用场景,来吸引用户眼球。在产品描述方面,要尽可能细致,包括产品规格、材质、使用方法等,让用户全面了解产品。

如果有真实优秀的用户评价,也别忘了进行展示,增强用户信任感。最后,我们还可以在一些特殊节点进行优惠促销,设置限时折扣、满减活动等,刺激用户下单。

2. 数据分析与优化

数据永远是我们运营过程中的重中之重,利用电商平台提供的数据分析工具,可以了解店铺的运营情况,找出问题并进行优化。比如了解店铺和产品的访问量、来源和转化率,来分析自己的流量是否优秀;了解各个产品的销售情况、利润率和退货率,则有助于我们进行销售方面的优化;而了解用户的浏览、加购、购买行为,可以帮助我们找出用户流失的环节,精准地进行改进。

3. 用户关系管理

建立和维护良好的用户关系,有助于提高用户的满意度和忠诚度,增加复购率。这种用户关怀意识需要贯穿始终,比如在售前,为他们应提供专业的产品咨询和建议,帮助用户做出购买决策;在售后,及时处理售后问题,提供退换货服务,增强用户的信任感。

此外,对于那些老用户,我们可以通过定期回访来了解他们的需求和反馈，提升服务质量。

4. 多渠道营销

通过多渠道营销，我们可以扩大品牌影响力，吸引更多的目标用户。最常见的就是小红书、抖音这类社交媒体的营销，通过发布产品信息和推广内容，可以吸引到用户关注。与其他商家或KOL合作也是个不错的办法，通过联合推广和分销，扩大产品的覆盖面。除了线上以外，也别忘了线下的力量，我们可以举办一些线下的体验活动等，增加用户的参与感和品牌认知度。

跨平台销售也是扩大销售渠道和增加销售额的重要策略。一人商业从业者可以在多个电商平台上开设店铺，如淘宝、京东、拼多多等，同时也可以利用社交电商平台，如微店、抖音小店等，覆盖更多的潜在用户群体。此外，参与团购、限时折扣等平台活动，也能提高产品的销售量和知名度。

刘哥是一名家居设计师，他决定利用业余时间在淘宝上开设一家家居饰品店铺。首先，刘哥选择了淘宝平台，因为淘宝的用户基数大、覆盖面广，适合销售家居饰品。刘哥在淘宝上发布了详细的产品信息，包括高质量的产品图片和视频，展示产品的各个角度和使用场景。同时，他编写了详细的产品描述，介绍产品的规格、材质和使用方法，还展示了真实的用户评价和使用体验。

通过淘宝的数据分析工具，刘哥了解了店铺和产品的访问量、访问来源和转化率。他发现某些产品的转化率较低，于是优化了这些产品的页面，增加了详细的描述和真实的用户评价，提升了用户的购买率。

在售前，刘哥提供专业的产品咨询和建议，帮助用户做出购买决策。在售后，他及时处理用户的问题，提供退换货服务，增强了用户的信任感。他还设立了会员制度，提供专属优惠和服务，提升了用户的忠诚度，并定期回访老用户，了解他们的需求和反馈，提升了服务质量。

为了提高曝光率，刘哥在微博、微信、抖音等社交媒体平台上发布了产品信息和推广内容，吸引了大量目标用户的关注。他还通过博客和公众号发布有价值的内容，如家居搭配教程和产品测评，增加了品牌曝光率和用户黏性。此外，刘哥还与其他家居商家和KOL合作，通过联合推广和分销，扩大了产品的覆盖面，并举办了多次线下推广活动，提升了用户参与感和品牌认知度。

通过以上运营变现技巧，刘哥在淘宝上成功运营了家居饰品店铺，不仅赚取了可观的收入，还在家居设计领域树立了自己的品牌形象。他的故事告诉我们：充分利用自己的技能和资源，找到合适的电商平台，可以实现多样化的盈利模式。

电商平台的运营变现需要多方面的技巧和策略。产品页面优化、数据分析与优化、用户关系管理、多渠道营销，每一个环节都至关重要。对于一人商业从业者来说，只有全面掌握和运用这些运营变现技巧，才能在激烈的市场竞争中脱颖而出，实现电商平台的成功运营和可持续发展。

6.5 电商运营中的数据分析

看到数据就头疼？这样是不对的。想要做好电商运营，数据分析是提高运营效率和销售业绩的关键。通过对用户行为、市场趋势、产品表现等数据的分析，我们可以制定更精准的营销策略，优化产品和服务，从而提升销售额和用户满意度；通过对市场趋势的数据分析，我们可以及时了解市场趋势和行业动态，掌握竞争对手的动向和市场需求的变化。这些信息对制定市场策略、调整产品结构和优化运营具有重要指导作用。

数据采集是数据分析的基础。电商平台提供了丰富的数据来源，包括销售数据、用户行为数据、用户评价数据、物流数据等。我们可以通过电商平台的后台系统、第三方数据分析工具和自建的数据采集系统，获取所需的数据。

不过，采集到的数据往往存在不完整、不准确等问题，需要进行数据清洗和处理。通过去重、填补缺失值、校正错误数据等方法，确保数据的准确性和完整性。对于大规模数据，我们可以使用数据处理工具和编程语言（如 Python、R）进行自动化处理，提高效率和准确度。

拿到了质量较好的数据，我们就可以开始进行分析了，以下是一些电商运营中常用的数据分析方法和技巧：

1. 用户行为分析

用户行为分析是了解用户需求和偏好的重要手段。通过对用户访问、点击、购买等行为数据的分析，我们可以更好地了解用户的购物习惯和偏好，从而制定更有针对性的营销策略。我们可以从以下这几方面入手进行分析：

①访问路径分析：分析用户在网站或 APP 上的访问路径是了解用户行为的重要手段，通过分析网站或 APP 的访问数据，我们可以了解用户的来源、访问路径、停留时间、跳出率等指标。了解用户从进入到最终购买的全过程，我们可以找出用户流失的环节，从而进行优化。通过对比不同渠道的流量表现，优化流量获取策略，提高流量质量和转化率。

②点击热图分析：通过点击热图工具，分析用户在页面上的点击行为，了解用户关注的重点和偏好，优化页面布局和内容。

③转化率分析：转化率是衡量电商运营效果的关键指标。通过分析不同环节的转化率（如页面浏览转化率、购物车转化率、支付转化率等），可以发现影响转化的关键因素，优化用户体验和购买流程，提高整体转化率。

2. 市场趋势分析

市场趋势分析是制定产品和营销策略的基础。它可以帮助我们了解市场的变化趋势，预测未来的发展方向，从而做出更精准的决策。这类分析大体分为以下三个方面：

①市场需求分析：通过市场调研、行业报告等渠道，了解市场

的需求变化，找出潜在的市场机会和热门产品。

②竞争对手分析：分析竞争对手的产品、价格、营销策略等，了解竞争对手的优势和不足，制定相应的应对策略。

③销售数据分析：分析历史销售数据，找出销售的高峰期和低谷期，制定相应的营销策略，提升销售额。通过对销售数据的时间序列分析，我们可以了解销售额、销量的变化趋势，识别销售旺季和淡季，制定相应的营销策略。通过对比不同产品、不同渠道的销售表现，可以优化产品组合和渠道选择策略。

3. 产品表现分析

产品表现分析是优化产品和服务的重要手段。对产品销售、用户评价等数据的分析，可以帮助我们了解产品的优缺点，进行改进和优化。

①销量分析：分析产品的销量数据，可以评估各个产品的绩效，包括产品的销售额、销量、利润率、库存周转率等指标。通过对比分析，可以发现热销产品和滞销产品，优化产品结构，制订相应的营销计划。

②用户评价分析：用户评价数据是衡量其满意度的基础，通过分析用户的评价内容和评分，我们可以了解用户对产品和服务的满意度，从而发现产品存在的问题和改进的方向。此外，及时响应和解决用户的问题，还能提升用户对品牌的忠诚度。

③退货率分析：分析各个产品的退货率，找出退货率较高的产品和原因，进行改进和优化。

4. 营销效果分析

营销效果分析是评估营销活动效果的重要手段,它可以帮助我们了解哪些营销手段有效,哪些需要改进,从而提升营销效果。

①广告效果分析:分析各个广告的点击率、转化率等数据,了解广告的效果,优化广告投放策略。

②促销效果分析:分析各个促销活动的效果,如打折、满减、赠品等,找出效果较好的促销方式,进行推广。

③社交媒体效果分析:分析在社交媒体上的营销活动,如点赞、分享、评论等,了解用户的参与度和反馈,优化社交媒体营销策略。

小吴是一位美妆博主,同时也经营着一家淘宝店铺,销售各种美妆产品。为了提高运营效率和销售业绩,小吴决定通过数据分析来优化店铺的运营。

小吴通过访问路径分析发现,很多用户在结账时放弃了购买。通过分析,她发现结账页面的复杂流程和高额运费是主要原因。于是,小吴简化了结账流程,并在运费上做了调整,提供了包邮服务,提升了用户的购买率。

通过市场需求分析和竞争对手分析,小吴发现市场上对天然有机化妆品的需求逐渐增加,而竞争对手在这一领域的产品较少。于是,小吴引进了一批天然有机化妆品,并在营销上重点推广,取得了不错的销售成绩。

在销量分析和用户评价分析方面,小吴发现某款口红的销量一直很低,而用户评价中提到颜色不符合描述、质地不够滋润等问题。小吴及时调整了对这款口红的描述,并通过促销活动再次推广,提升了销量和用户满意度。

通过数据分析,小吴不仅提高了店铺的运营效率,还提升了销售额和用户满意度。她的故事告诉我们:在电商运营中,数据分析是提高运营效率和销售业绩的关键。只要善于利用数据分析工具,进行科学决策和优化,就能在激烈的市场竞争中取得成功。

6.6 电商创业成功的案例分析

现如今,在互联网时代,越来越多的一人商业从业者通过电商平台实现了自己的创业梦想。他们凭借创新的思维、独特的产品和有效的运营策略,在竞争激烈的市场中脱颖而出。本节列举三个电商创业成功的案例,分析创业者的创业历程、成功经验和关键策略,为一人商业从业者提供启示和借鉴。

1. 耿某和他的手工艺品

耿某是一位热爱手工艺的年轻人,擅长制作各种精美的手工艺品。一开始他只是将自己做各种手工艺品的过程做成视频,发布在

B 站、抖音等视频平台上。2018 年，他的视频突然火爆，很多粉丝会评论"求链接"，于是他决定通过电商平台将自己的手工艺品销售给更多的用户。尽管起步时没有太多的资金和资源，但他凭借对手工艺品的热爱和执着，逐步在电商市场中站稳了脚跟。

耿某的手工艺品质量高、设计感十足，吸引了一批追求个性化和生活品质的用户。他坚持原创设计，确保每一件产品都是独一无二的，这在同质化严重的市场中形成了明显的竞争优势。耿某还通过社交媒体平台进行精准营销，展示手工艺品和使用方法，吸引更多粉丝的关注。在线下，只要本地举办手工艺品展览或市集活动，耿某一定会前往参与，增加自己的曝光率和知名度。

通过不懈的努力和富有创造性的运营策略，耿某在电商平台售卖手工艺品取得了显著的成功。他的品牌逐渐在市场上获得了良好的口碑和较大的影响力，销售额逐年增长。耿某这一成功案例表明，独特的产品定位、精准的市场营销和优质的用户服务是电商创业成功的关键因素。

2. 小华的健康美食

小华是一位注重健康生活方式的年轻人，喜欢在网上购买一些健康食品。2017 年，他创办了一家专门销售健康食品的电商平台，主打天然有机食品。小华的创业初衷是希望通过提供高品质的健康食品，帮助更多人过上健康的生活。

一开始，小华只是将采购的食品用低买高卖的方式销售出去。但是他很快便发现，瞄准健康市场的同行实在太多了，重复、相似的产品根本没有什么竞争优势。由于小华平时也爱自己做饭,他产生了售卖自己手工做的健康美食的想法。

小华非常重视食品的质量安全,从原材料的选择到制作,每一个环节他都严格把关,并录制相应的制作视频,剪辑处理以增强说服力。他将准备好的制作过程的视频通过微信公众号、微博和一些健康论坛进行广泛的市场推广,没想到吸引了一大批健康食品爱好者。毕竟市面上的成品大多口味不好,而且也不能保证食品的安全性,这种美味又健康的手作食物迅速获得了用户的喜爱。

随着订单量的增加,小华还推出了会员制,用户可以通过购买会员卡享受专属优惠和服务。通过定期发布会员专属内容和优惠活动,增加了用户黏性和忠诚度,提高了复购率。小华的健康食品在短短几年内取得了显著的成功,赢得了广大用户的认可和喜爱。他的成功经验表明,产品质量是电商创业的基石,而多渠道的市场推广和会员制营销是提升用户黏性和忠诚度的有效策略。

3. 艳艳的小众文化饰品

现在做生意都讲究"垂直",就是说对自己的受众人群进行细分,做到更细致、更精准。比如,同样都是卖饰品,一个红色的大蝴蝶结大家会觉得十分普通,价格定不了太高,但是如果我们给这个蝴蝶结加上一些蕾丝、珍珠等装饰,它就会看起来像是洛丽塔饰品了。由于这种小众文化商品的稀缺性,这样的饰品也身价倍增。

艳艳就利用了这一点,她自己本身就是洛丽塔文化的爱好者。由于市面上相关的饰品价格昂贵,且不符合她的审美,她便经常自己动手设计和制作各种相关饰品。艳艳做的饰品非常精致，同时又能跟裙子完美搭配，几乎每次出门都会有人询问购买方式。于是在2020年，她创办了一家专门销售洛丽塔饰品的淘宝网店，希望通过自己的创意和设计，为用户提供更多独特的时尚选择。

艳艳的洛丽塔饰品以个性化为特色，吸引了一大批洛丽塔文化爱好者。她紧跟时尚潮流，不断推出新款设计，确保产品的时尚性和独特性。同时，她还提供定制服务，根据用户的需求设计独特的饰品，满足用户的个性化需求。

在引流方面，艳艳利用小红书、抖音等社交媒体平台展示她的饰品制作过程和佩戴效果，通过精美的图片和视频吸引了大量粉丝关注。她还与其他的洛丽塔裙子卖家或相关文化的时尚博主、KOL合作，增加自己店铺的曝光率和影响力。此外，她还会定期在微博或小红书上举办线上抽奖和优惠活动，增加用户的参与度和黏性。

艳艳还非常重视数据分析，通过对销售数据、用户行为数据的分析，她能迅速了解市场需求和用户偏好，及时调整产品和营销策略。比如市场流行"甜系"，她就会着重做一批可爱甜美的饰品。艳艳的淘宝店在短时间内取得了快速的发展，销售额不断攀升，也成功在洛丽塔文化爱好者这个群体里打出了知名度。

成功的电商创业离不开创新思维和有效的运营策略。从以上几个案例可以看出，独特的产品定位是基础，而精准的市场营销、优质的用户服务和数据驱动的运营策略则是电商创业成功的关键因素。对于一人商业从业者来说，只有借鉴这些成功的经验，结合自身的特点和优势，制定合适的运营策略，才能在激烈的市场竞争中脱颖而出，实现电商创业的成功。

第七章 个人咨询与在线教育

7.1 个人咨询服务的市场需求

我想买保险,市面上的保险产品这么多,该怎么选择?

租房跟房东产生经济纠纷,我该怎么拿起法律武器保护自己?

…………

我们是不是偶尔也会有类似的问题,想要寻求专业人士的帮助?在市场经济迅猛发展、知识信息爆炸的时代,个人咨询服务行业应运而生,成为众多专业人士实现知识技能变现的重要途径。

所谓咨询,本质上是一种提供问题解答与解决方案的服务。在各个领域,无论是个人还是企业,都存在着对专业知识与经验的迫切需求。例如,私人心理学专家提供的心理咨询服务、知乎等平台上拥有资格证书的个人IP律师提供的法律咨询服务,以及专业机构为企业提供战略咨询服务,均是咨询行业的具体实践。想要进入个人咨询服务行业实现知识变现,我们得先了解一下它的市场现状。

个人咨询服务市场的规模在过去几年中持续增长,特别是在大城市和经济发达地区,个人咨询服务已经成为一种热门的商业模式。越来越多的人愿意为专业的咨询服务付费,以获取个性化的解决方案和指导。那么，个人咨询服务又有哪些特点呢？因为每位用户的咨询场景不同，我们可以概括为以下几点：

①个性化：该服务强调针对用户的独特需求提供定制化解决方案，充分考虑用户的生活方式、价值观、目标、资源及限制条件等因素。

②专业性：咨询师通常具备特定领域的专业知识和丰富经验，以确保服务的高质量和有效性。在进行法律咨询或者健身咨询时，用户一般可以通过行业证书预估该场咨询的价值，从而决定是否继续进行交易。

③目标导向性：服务的核心在于协助用户实现特定目标，涵盖职业晋升、学业进步、健康改善等多个方面，提供解决方案，帮助用户实现特定目标。

④互动性：咨询服务涉及咨询师与用户之间的深入交流与互动，以精准把握用户需求，制定并实施有效方案。例如在心理咨询时，用户需要跟心理医生进行语言或者动作互动，找到心理问题的根源。

⑤保密性：鉴于服务涉及个人隐私，咨询师需严格遵守保密原则，确保用户信息的安全。没有用户希望自己咨询的问题被曝光于大庭广众之下，因此，除了法律约束，从业者也需要以高道德水准要求自己，加强专业性。

了解了个人咨询服务行业的特点，那么对于有意进入个人咨询行业的人来说，就可根据个人专长和经验选择合适的咨询领域。例如，人力资源专家可从事职业规划咨询，财务专业人士可提供财务规划服务，教育工作者可专注于教育咨询，而法律专业人士则可开展法律咨询业务。所以，尽管咨询行业看似门槛较高，但只要能结合自身优势，选定合适的咨询领域，入行并非遥不可及。

同时，个人咨询服务的形式也越来越多样化，从传统的面对面咨询到电话咨询、视频咨询，再到在线平台和移动应用，服务形式的多样化使得咨询服务更加便捷和灵活。尤其是在疫情防控期间，线上咨询服务的需求激增，推动了整个行业的快速发展。

那么，当前个人咨询行业的市场需求状况又是怎样的呢？实际上，个人咨询服务行业的市场规模受人口结构、经济发展水平、教育普及程度等因素影响较大。不同细分市场的增长速度亦有所差异，例如，心理健康咨询服务可能因社会对心理健康的重视而实现快速增长。技术的进步使得在线咨询服务成为可能，又扩大了市场覆盖范围，提高了服务的便捷性，使得咨询服务高效、及时；在物质需求得到满足的情况下，用户对个人成长和生活质量提升的需求也日益增强；还有政府对专业服务行业的扶持政策、用户需求的多元化……以上种种，都推动着咨询行业的发展。

小林便是成功利用了这个时代红利的绝佳例子，他的本职工作是律师。一开始，在网络授课形式还不是很流行时，他会积极参与普法活动，经常举办线下讲座，了解大众的法律咨询的需求特点。经过多年的累积，他在业内成为小有名气的律师。

2019年，恰逢各种网络授课平台、短视频平台井喷式发展，经过好友介绍，他便开始通过一些平台提供一对一的咨询服务和法律知识讲解。在平台上完善相关信息时，小林着重说明了自己的服务特点：能够为用户提供包括前期沟通、问题诊断、方案制定、执行跟踪和效果评估的一整套完整流程。同时，小林在主页上也分享了几个成功的法律咨询案例，供用户进一步参考，这一步也让双方双向选择的过程更加高效。

很快，小林的咨询服务在这个平台上火了起来。2022年，他又接触了直播，经常在闲暇时间通过直播间连麦沟通，不仅为网友提供了一些免费的咨询服务，还打响了自身的知名度，成功地"火出圈了"。

小林的成功经验便在于他懂得将自身优势通过互联网媒介进行放大，让更多的人看到他、选择他。而没有类似经验的人在入行时也要及时了解用户的需求特点。例如：用户是否需要个性化定制服务？用户对咨询师专业性和权威性的重视度，以及对隐私保护的具体要求是怎样的？对服务实际效果、服务便捷性、持续服务和支持的需求是怎样的？

个人咨询服务市场需求的迅速增长，既是现代社会发展和生活方式变化的结果，也是人们对专业化、个性化服务需求提升的体现。在未来，随着技术的进步和市场的成熟，个人咨询服务将迎来更加广阔的发展前景。通过合理运用数字化工具和技术手段，个人咨询服务从业者可以更好地满足用户需求，提升服务质量，实现业务的持续增长。

7.2 如何打造个人品牌与专业形象

如果我们确实在某方面有着一定的优势，决定进入个人咨询服务行业开启一人商业，那么第一步要考虑的就是个人品牌和专业形象的打造。在个人咨询服务的发展前期，这是吸引用户、建立信任和实现职业成功的关键，我们可以考虑从以下几方面入手：

1. 明确个人定位

首先，我们需要确定自己的专业领域和目标市场。这可以通过分析自己的专业知识、技能、经验和兴趣来实现。例如：我们可能是职业规划、心理咨询或家庭教育方面从业十余年的专家，可能是参与过上百场案件的资深律师，可能是服务过十余家公司的资深财务分析师……

确定了方向后，别忘了给自己一个明确的头衔，这不光是为了明确个人定位找到细分市场，也是为了更高效地吸引目标用户。

2. 塑造独特风格

前期在刚刚接触这个行业，还不算熟悉的情况下，我们可以先找一位类似的咨询师进行对标。但发展到后期，我们的个人品牌一定要具有独特的风格，比如幽默的沟通方式、严谨的教学风格、图文并茂的内容呈现形式、足够引起关注的个人故事等。

这些独特的风格能够让我们在竞争中脱颖而出,也更容易被用户记住。比如同样是讲授法律知识的教授,罗翔老师就凭借其诙谐幽默的语言备受喜爱,随口举的那些"张三"的例子,也让人印象深刻。

3. 建立网络上的"存在感"

和开网店一样,我们也需要在社交媒体、专业论坛、博客等平台上塑造自己的专业形象。比如在抖音、快手、小红书等平台上发布图文或者视频来展示我们的知识技能。

至于展现形式就可以考虑结合上一条所说的个人风格了,而现在的社交媒体平台也有很多特效可以帮我们强化这一概念。

4. 展现优质服务和专业能力

以上几点更侧重于营销方面,但要想树立起良好的口碑,还是要确保我们提供给用户的服务或产品具有较高的质量。对咨询满意的用户会帮助我们宣传我们的专业形象。展示成功案例,可以向潜在用户证明我们的专业能力。但是在展示成功案例之前,一定要记得获得用户的同意。

专业能力是个人品牌的核心。从业者应当通过持续学习和实践来提高自己的专业水平。我们可以通过参加相关课程、获得认证、阅读专业书籍、参与行业研讨会等方式来不断提升自己。同时,也可以将参加这些培训的过程发布在各种社交媒体上,让用户更好地理解所接触的咨询内容,也能提升他们对我们的信任度。

5. 个人形象管理

最后一点，也是很多人可能会忽视的一点，就是个人形象管理。针对需要出镜的从业者，我们的外在形象也是个人品牌至关重要的一部分。

我们可以先去一些拍摄机构拍摄一套专业的职业照，这套职业照可以放在个人名片或个人账号上。同时，在接待用户时，请保持整洁的仪容以及选择合适的穿着，这会加强用户对我们的信任感。

年仅24岁的小圆凭借着自己的勤奋和毅力，通过自学顺利拿到了营养师证书。从那一刻起，她便立志要通过网络平台，成为一名备受认可的个人营养咨询师，实现名气和收入双丰收。为了实现这一目标，小圆进行了深入的思考和规划，她先明确了个人的定位——致力于为广大有营养需求的用户提供专业、贴心的服务，她把这句话也放在了短视频个人主页作为自我介绍。

一开始，她的流量并不是很好，发布的视频观看者寥寥无几。小圆便找了几个相同赛道的营养师的账号进行观察，她发现千篇一律的内容往往不会有太多的关注。于是，她决定将自己的账号塑造出独特的风格。

小圆找了几位有意向咨询的本地用户，提出可以提供免费咨询，但用户需要配合她拍一个短暂的情景视频，用户们纷纷应允。小圆又请教了一位编剧朋友和一位摄影朋友，自己写了视频脚本、寻找拍摄地点……

在她的不懈努力下，她的第一个破百万点击量的视频产生了。

在这个视频中，她讲述了一个为有严重营养吸收问题的孩子整日奔波操劳的母亲的故事，揭露了市面上营养咨询师良莠不齐的现状，又给出了辨别方法。故事的最后，这位母亲和孩子也在她的专业帮助下走出困境。这种将情感冲突与专业知识相结合的拍摄方式，赢得了大家的关注。

很快，小圆的账号在短视频的健康管理领域有了一席之地，初步赢得了流量的青睐后，小圆乘胜追击，马上接受了一家具有雄厚直播实力的咨询服务平台的邀请，入驻并成为一名头部营养咨询师。一开始很多人觉得她是炒作后被资本捧出来的，可是在下单向她咨询后，用户们无一不被她认真负责的态度和丰富的知识储备折服。

回顾小圆的经历，我们不难发现，初期遇挫的转折点最终成为小圆事业的催化剂，让小圆的网络营养咨询事业更加深入人心，她也因此获得了更多的名气和尊重。

如果我们也能像她一样，在前期流量低迷的时候，做到不放弃、坚定信念，认真分析网络平台的账号发展特点，并且用敢于创新的姿态去做账号，用科学的态度和专业的知识去应对问题，相信我们也可以赢得平台的青睐、获得广大用户的信任，成功发展自己的一人商业。

7.3 在线教育平台的选择与课程设计

前面说到过,互联网技术的发展使得个人咨询服务变得更加高效——因为从业者可以选择发展成熟的网络平台为用户进行服务。其实除了咨询服务外,我们还可以提供一些教育培训,来扩展我们的用户群。接下来我们就聊一聊,如何选择合适的在线教育平台,又如何进行课程设计。

市面上现在有很多大家耳熟能详的在线教育平台,例如网易云课堂、腾讯课堂、知乎 Live、喜马拉雅、CCtalk 等。那么如何选择适合自己入驻的平台呢?我们可以从以下两个方面考虑:

1. 平台定位与特色

在选择在线教育平台时,我们首先要考虑平台的定位和特色是否符合自己的专业领域和目标用户群体。像网易云课堂和腾讯课堂这两个平台,就可以让咨询师为用户提供包括职业规划、心理咨询、市场营销等内容的直播课程;知乎 Live 则是依托于知乎这个知识共享平台出现的知识变现工具,但这就要求咨询师在知乎开设账号保持回答和原创内容更新以增加粉丝,获得咨询订单。

并且,平台的流量和品牌影响力直接关系到课程曝光率和潜在学员的数量，选择一个流量大的平台，有助于我们快速吸引用户的关注。

2. 平台功能和用户体验

平台的功能是否完善，用户体验是否良好，是影响课程销售和学员满意度的重要因素。具备直播、互动、作业提交等功能的平台能让咨询师为用户提供更加个性化的服务体验。如果选择了一个服务器不稳定的直播平台，会给用户带来非常不好的咨询体验。

同时，平台提供的服务和支持对于新手咨询师来说尤为重要。这包括课程上线指导、营销推广、学员管理等。选择一个服务周到的平台，可以大大减轻我们的工作负担。

选好了合适的在线教育平台后，我们就要开始进行课程内容的设计了。

首先，奠定基调非常重要。课程目标应该与市场需求保持一致，解决用户的实际问题。同时，课程定位也应该与咨询师的个人品牌和市场需求紧密相连。比如，我们的课程目标是帮助职场新人更好地规划职业生涯，这就刚好与求职市场的当前需求高度契合。我们可以将自己的课程进一步精细化定位为"职场新人职业痛点指南"，但不光要明确针对职场新人的痛点，还应该提供解决方案。

其次，课程内容需要有系统性和逻辑性，确保学员能够循序渐进地学习。想要做好这一点，我们不妨从以下三方面入手：搭建整体内容框架，例如从基础知识到具体案例分析，再到实践技巧，层层递进，便于学员吸收；注重教学方法多样化，可以结合视频、直播、图文、互动等多种形式，提高学员的学习兴趣；重视互动讨论在直播中的作用。用户实时提问，不仅增强了课程的互动性，也可以为我们的课程提供改进方向和素材。

最后，课后服务是提升学员满意度和忠诚度的重要环节，它对提升学员满意度和忠诚度，确保学员能够将所学知识应用到实际生活中起到了关键作用。课后服务不仅包括对课程内容的答疑解惑，还包括对学员在实践中遇到的问题提供及时的帮助和支持。我们可以为每一位用户设计一个回访周期，一方面可以增强用户黏性，另一方面也可以弥补不足。

小华作为一名资深职业规划师，有些厌倦了一对一的咨询规划。他觉得：一对一的效率太低了，我为什么不能一次性教会很多人呢？于是小华决定，要在网络上开展一人商业，售卖自己的知识，为他人的转行、入行提供培训指导。

小华深知选择合适的平台对自己的事业发展至关重要，在经过深思熟虑和市场调研后，他最终选择了网易云课堂作为自己的主要授课平台——网易云课堂以其专业性和针对职场人士的特色，完美契合了小华的专业定位和服务对象的需求。在这里，他能够更精准地触达那些渴望在职业生涯中取得进步和转型的职场人士。

为了确保课程质量，小华充分利用网易云课堂提供的各种工具和资源，精心设计了一系列具有逻辑性、系统性的职业规划课程。内容包括从初入职场的注意事项到中期职业定位，从后期职场晋升到职业转型，横向、纵向结合进行描述。除此之外，小华还融入了实战经验和案例分析，使得课程既有理论深度，又不乏实际操作指导。

此外，小华也意识到课后服务对学员学习效果的重要性，因此他提供了贴心的课后服务。这包括一对一答疑解惑、定期组织线上讨论会、学员成长跟踪等，确保每位学员都能在课程结束后得到有效的辅导和支持。小华的这种全方位教学服务，不仅赢得了学员们的一致好评，也为他在网易云课堂树立了良好的口碑，进一步巩固了他在职业规划领域的专业地位。

所以，咨询师既需要根据自己的专业定位、目标用户群体和市场需求来选择合适的平台，也需要设计出有深度、有吸引力的课程。通过小华的案例和方法分享，我们可以看到，一个成功的在线课程不仅能够帮助咨询师实现收入增长，还能够进一步巩固个人品牌。想在在线教育市场中立于不败之地，咨询师应该选择合适的平台，同时不断创新，满足学员需求，提供高质量内容。

7.4 通过网络授课实现收入增长

接下来便是重要的变现环节分享了，毕竟我们的目标是发展一人商业。这一环节是咨询师职业可持续发展的关键,如果做得好,我们就可以实现将个人品牌、专业能力和市场需求转化为实际的经济收益。

在这个变现的过程中,咨询师的专业技能起到了至关重要的作用——这将关系到我们的课程如何定价。如果过于自信,缺少市场调研,定了一个高于市场价很多的价格,就会使不少潜在用户望而却步。所以,我们也需要综合考虑市场接受度、课程内容和竞争对手的定价,建议先在网上搜索相关信息和数据,了解行业收入现状,给出一个合适的价位。

同时,酒香也怕巷子深。市面上的咨询师鱼龙混杂,有的咨询师可能并没有那么强的实力,可是因为擅长包装,他们也获得了源源不断的咨询业务。所以,尤其在前期,我们的品牌建设很重要,因为这可以建立我们和用户之间的信任基础。

小嘉就是一个很好的例子。他是一个新手健身教练,在平台众多教练中,他的实力实在不算突出,但他知道如何利用社交媒体和网络平台来推广自己,吸引更多的用户。小嘉经常发布一些健身视频和文章,分享自己的健身经验和技巧,让更多的人了解他。并且,他还积极参加各种健身活动和比赛,增加自己的曝光率。于是,越来越多人选择向他咨询健身问题,甚至购买他的线上课程。

我们在成为一个成熟、优秀的网络平台咨询师后,甚至可以考虑网络授课带来的附加价值。比如:我们可以针对某个用户普遍关注的问题开展一个大型的集合式网络讲座，并寻找一些赞助商的支持，或采取付费门票制度等，这都可以为我们带来基础收益；也可以在授课过程中自然而然地进行带货，比如做设计可以用到的付费软件工具、健身时好用的小器材等。

小婧是一名心理咨询师，她在教育平台上开设了心理学相关的课程。小婧利用社交媒体、合作伙伴推荐、学员口碑宣传等方式进行课程推广，同时，她也在自己的平台上定期发布免费的心理健康知识，吸引潜在用户。

除此之外，她针对受众的消费能力，定制了不同人数的学习套餐：如果经济困难，可以选择拼单参与课程；如果经济实力较好，可以选择价格更高的一对一 VIP 课程。她将后者的优点和附加服务清楚地罗列出来，没有任何潜在的收费项目。不同学习套餐的定价差异也使得她的课程受众更广，让她获得更多的收入。很多忠实用户也纷纷咨询小婧是否能提供系统化的文字教程。看到用户的需求后，小婧便将自己历年的问答经验写成了一本书出版，也获得了一笔不错的收入。

所以，我们也可以像小嘉和小婧一样，以高效的方式在网络授课中实现收入增长。打开思路，这个变现收益可以是短期收益，如门票、课程费用等；也可以是长期收益，如带货收入，或是名气增长后，将个人知识产出通过出版、文章打赏等方式获得变现。这就需要我们将自己的专业知识和技能转化为有形的产品和服务。

在这个过程中，咨询师的个人品牌、专业形象、课程设计能力、市场洞察力和营销策略都将得到检验。只有那些能够不断创新、不断满足用户需求、不断提供高质量服务的咨询师,才能在竞争激烈的市场中脱颖而出,实现创业的成功和收入的增长。

第八章 打造高价值付费社群

8.1 社群经济的兴起与发展

在上一章中，我们在讲个人咨询时提到了互联网的迅速发展对咨询从业者的意义。在这一章中，我们会发现，互联网红利可不仅仅局限于在咨询行业，近几年依托互联网迅速发展的社群经济对普通人实现收入增长也具有重要意义。

我们先要了解一下什么是社群。在社会科学领域，社群是指一群具有共同兴趣、爱好、价值观或目标的人聚集在一起形成的群体。但在互联网时代，社群的形式和内涵得到了极大的丰富，不再局限于现实生活中的团体和组织，还包括了各种在线社区、论坛、QQ群、微信群等虚拟社群。这些社群成员之间通过互动交流、分享信息，形成了一种紧密的联系和共同的归属感。相信大家也经常听到诸如"社群运营"之类的词语，这便是基于时代背景下的社群的特殊产物。

社群的特点主要体现在以下几个方面：首先是共同性，也就是说成员具有某种共同的特征，如年龄、性别、职业、兴趣、消费习惯等；其次是互动性，社群成员之间会频繁进行互动，分享观点、经验、资源等；然后是归属性，由于基于共同性的特点，社群成员往往可以在群体中找到归属感，形成紧密的人际关系；最后是自发性，一般社群的形成和发展往往是自发形成的，而非外部力量强制推动的。

而在数字化时代的背景下，社群经济以社群为核心，通过社群成员之间的互动、分享、传播等方式，实现商品或服务的价值创造和变现。为什么现在跟新媒体有关的信息分享都绕不开社群呢？关键就在于社群经济可以通过粉丝效应和口碑传播打破传统商业模式中的地域、时间和渠道限制，以满足成员个性化需求为出发点，提供定制化的产品和服务；精准定位目标群体，提高营销效果，降低成本。

近年来，随着移动互联网的普及，我国的社群经济得到了迅速发展。各类在线社群如雨后春笋般涌现，涵盖了生活、工作、学习、娱乐等多个领域。除了社群数量的激增，社群的规模也变得越来越庞大，甚至出现了拥有数十万乃至上百万的成员，其影响力不容小觑。其类型也不局限于传统的兴趣社群，还出现了行业社群、品牌社群、地域社群等多样化类型。许多企业通过社群营销实现了业绩增长。

社群经济的兴起，对于企业而言，意味着竞争力提升和产业升级的双重机遇。它通过精准把握市场需求，提高产品和服务质量，为企业带来了更广阔的市场空间和更强的用户黏性。而对于我们这种普通人来说，社群经济提供了一个低门槛的创业平台，借助互联网的普及和网络效应，普通人也能迅速聚集大量粉丝，形成自己的影响力。各类社交平台的便捷工具降低了社群创建和管理的难度，使得普通人有机会通过社群经济实现变现。

有一名颇具影响力的"网红",她在小红书上注册了自己的账号,由此开始了她的个人IP打造之旅。这名"网红"以独特的视角,通过发布一系列图文和视频内容,生动地展示了中国的农村生活。她的作品充满了浓厚的乡土气息,从春耕秋收到日常农家的点点滴滴,让都市里的人们感受到了一种返璞归真的魅力,因此吸引了大量的粉丝。

随着粉丝数量的不断增长,这名"网红"敏锐地抓住了商机,顺势建立了自己的粉丝群。粉丝们平时会在群内讨论她的视频内容,也会分享自己的日常生活。该"网红"就根据粉丝们平时在社群讨论的内容,抓住粉丝群体的需求,开始尝试推出粉丝专属商品。最初,她只是小心翼翼地试水,发布了一些与农村生活相关的特色商品,如手工制作的农产品、传统工艺品等。这些商品因其独特性和故事性,受到了粉丝们的热烈欢迎。

看到这一积极的反馈,该"网红"便趁热打铁,扩大了生产规模,增加了商品的种类和销路。她不仅在线上平台销售,还与实体店铺合作,将商品推向更广泛的市场。后期甚至开拓了海外市场。通过这样的运营策略,她不仅稳固了粉丝基础,还获得了一笔可观的实际收入。

这名"网红"的成功故事,不仅展示了社群经济的巨大潜力,也证明了高效率运营可以转化为实实在在的经济效益。当今市场需求千变万化,个性化、定制化的服务不可或缺。这名"网红"的例子也恰恰证明了社群经济为普通人提供了更多机会,也为普通人开启了新的财富之门。在这片广阔的发展空间里,只要我们能抓住机遇，善于运用社群营销策略，也可以像这位"网红"一样，在社群经济领域取得成功。

 **如何创建并维护高价值社群**

在互联网时代，创建社群的平台多种多样，如果我们想通过一些网络平台建立自己的社群，不妨考虑以下几个渠道：

①微信：微信作为一款集即时通信、社交圈、内容分享于一体的应用，拥有超过 10 亿的活跃用户；除了拥有庞大的用户基础，它的朋友圈、公众号、小程序等功能为社群的建立和运营提供了丰富的可能性。

②微博：作为一个开放的社交网络平台，除了拥有数亿活跃用户，其自带的"#话题#"功能也使得内容能够迅速扩散，便于社群运营者进行内容营销和品牌推广。同时，微博的明星效应和 KOL 资源为社群经济的变现提供了丰富的渠道。

③小红书：小红书是近几年来一个爆火的平台，用户经常在上面分享自己的"种草""拔草"经验，这也给社群的形成创造了条件：我们会很容易地在上面找到志同道合的伙伴。

④豆瓣小组：豆瓣多以兴趣和知识分享为纽带，将优质社群用

户连接在一起,且用户活跃度一般比较高。

⑤知识星球:这类专业知识分享平台非常适合专业人士创建垂直领域的社群。但这类社群的准入门槛相对较高,要求入驻者有一定的专业技能和知识输出能力,同时也非常强调原创性。

了解了渠道后,我们就可以选择合适的平台建立社群了。想要建立高价值社群,就必须考虑到目标群体的特征、平台用户基数、平台功能等因素。同时,也需要发起者能够明确社群的主题和目标群体,这是为了确保社群成员有共同的话题;持续输出有价值、有深度的内容,这是为了持续满足社群成员的信息需求甚至情感需求。如果我们的社群以知识分享为主,可以多听听社群成员的反馈,对内容及时进行调整。

建立社群后,长期运营战线也非常重要。如果初期社群规模较小,我们可以先考虑个人运营,针对社群主题在群内发布内容;但如果是规模较大的社群,那就需要找一些助手帮忙管理了。不管是哪种情况,我们都需要先制定并强化社群规则。如果我们的社群缺乏规则,很有可能会出现不少人发布违规信息或是广告的现象,这会使我们的前期努力付诸东流。所以,规则一定要同步给新老社群成员,让他们知道社群的定位、他们可以获得的信息以及惩罚机制。

小C是一名年轻而充满热情活力的西班牙语老师,她选择利用B站这个平台打造个人语言学习IP。一开始,她每天都会上传精心制作的免费西班牙语教学视频,以此来分享自己的专业知识,并帮助更多对西班牙语感兴趣的人。她的课程内容丰富,从基础发音到高级语法，再到文化习俗，无所不包，且讲解生动有趣，很快便在 B 站上吸引了不少人的关注。

随着粉丝数量的不断增加，小 C 的视频下方评论区逐渐热闹起来。许多粉丝在留言中表示，他们不仅希望能够通过视频学习西班牙语，还希望能与大家有更多集中交流和讨论的机会。看到粉丝们的强烈意愿，小 C 意识到建立一个专门的 B 站用户知识讨论群的必要性。

于是，小 C 行动起来，创建了一个 B 站用户知识讨论群，并为群制定了明确的规则——她的社群旨在营造文明、专注的学习氛围，要求成员文明交流相关内容，严禁刷屏和侵犯隐私。通过这些规则，小 C 的社群渐渐成为一个资源共享、互助成长的平台，让每个成员都能在和谐的环境中提升西班牙语水平。

这个知识讨论群的建立和良好发展，不仅让小 C 的粉丝社群更加活跃，也极大地提升了她的个人品牌影响力。小 C 后期巧妙利用社群影响力，开展社群经济，通过推出精品付费课程、推荐学习用品等方式，将粉丝转化为用户，为自己带来了额外收入，实现了知识分享与经济效益的双赢。

从小 C 的例子不难看出，创建并维护一个高价值社群是一个具有长期性、系统性特点的过程。从选择合适的平台、精准定位社群价值，到制定长期运营策略，每一步都需要精心规划和执行。我们也可以通过效仿小 C 的做法，有效提升社群的吸引力和凝聚力，实现社群的长期稳定发展，从而获得经济效益。

8.3 付费社群的变现模式

那么社群的变现模式又有哪些呢？是不是所有的社群都可以采取付费模式进行变现呢？事实并非如此。千万不要天真地以为只要建了一个群就可以开始收钱带货了。社群能否采取付费模式，能否进行变现，很大程度上与社群定位、运营效果有紧密的联系。所以，如果我们想建立付费社群并实现其他形式的变现，不妨从以下四个方面考虑：

1. 选择有加入门槛的社群形式

例如建立专业知识社群、高端资源社群、咨询服务社群、内容创作社群和教育培训社群。这种类型的社群提供专业知识和技能传授、人脉资源和商业信息、专业咨询服务、创作型人才的粉丝互动以及系统化的教育服务，可以吸引大量愿意为知识和资源付费的用户。

2. 选择灵活多样的进群付费规则

包括会员制、订阅制、单次付费、按需付费等。举个例子，在付费知识平台会员制下，不同等级的会员可以享受到不同层次的服务和内容，青铜会员可能接触的是行业基础咨询群，而钻石会员则可以进入定期提供最新行业产研报告的 VIP 群。订阅制让用户在支付一定费用后，能够在一定时间内无障碍地享受社群提供的所有服务。

楚楚作为一位资深的英语学习者，英语知识基础扎实，学习经验丰富，她决定将自己的知识转化为服务。她精心创立了一个公众号和相应的小程序，专注于为付费群成员提供国外知名杂志《经济学人》的深度解析，涵盖语法、听力、写作等多个方面。

楚楚为了满足不同学习者的需求，选择了灵活多样的进群付费规则。她设定了多个付费层级，包括基础会员、高级会员和 VIP 会员，每个层级都有不同的服务内容和价格。基础会员可以获得对《经济学人》里文章的语法分析，高级会员则在此基础上增加了写作指导，而 VIP 会员则能获得一对一辅导和定制学习计划。此外，楚楚还提供了按月、按季和按年的付费选项，让学习者根据自己的学习计划和预算自由选择。这样的灵活制度极大地提升了用户体验，吸引了更多学习者加入。

所以，我们如果像楚楚一样拥有不同层级的产品可以提供给用户，不妨考虑一下制定多样化的付费规则。

3. 销售虚拟产品

销售虚拟产品具有成本低、可复制性强、无地域限制、高利润率、用户黏性强、市场细分容易和易于推广营销等优势，因而在线上社群里尤其适合售卖。我们可以依据社群的定位，尝试售卖一些线上课程、视频会员、游戏货币等产品。

4. 通过品牌合作与赞助获得收益

这需要社群运营者明确社群的定位和目标受众，以便选择与之匹配的品牌进行合作。而在合作过程中，我们可以采用多种方式来实现品牌合作与赞助的变现。例如，可以在社群内植入品牌广告，如横幅广告、视频广告等，通过广告费实现变现。此外，还可以与品牌共同举办线上、线下活动，如研讨会、讲座、产品发布会等，通过活动赞助费和门票销售实现变现。

小陶是游戏公司的运营，同时是某种游戏的高端玩家，他通过建立一个以游戏爱好者为主的社群，为玩家提供代练陪玩服务，成功实现了变现。而他的具体操作非常简单。

首先，小陶以自己的游戏技巧和丰富的经验，吸引了大量游戏爱好者进入社群；然后，他每天都会在社群里分享玩游戏的技巧、组织游戏活动、解答玩家问题，因为他讲解逻辑清晰，不少玩家都选择了他提供的代练陪玩服务。

小陶借此机会建立了自己的游戏工作室，剪辑相应教学视频进行售卖，又获得了一笔不菲的收入。该游戏每年都会举行职业联赛，小陶的工作室里的几位高端玩家被邀请观赛。在观赛过程中，这几位玩家穿着合作品牌的服装出镜，获得了一波讨论热度。商家非常满意这次的合作效果，又额外付给他们一笔费用。

通过这个案例，我们可以看到，在精细化市场赛道的前提下，能在社群中销售虚拟产品，如代练陪玩服务或者教学视频，也是可以有效满足用户的需求、提供有价值的服务的。社群的互动和分享，可以增加用户的黏性和忠诚度，从而实现变现。如果做得好，甚至可以带来附加价值。

8.4 社群团购与私域流量的运营

社群团购也是社群运营的重要变现模式。那么什么是社群团购呢？简而言之，社群团购是一种基于社群的集体购买行为。当社群积累到一定数量的用户后，发起人便可以通过集中采购的方式，以较低的价格从供应商处获得商品或服务，再配送给社群购买者。

我们再来简单了解下社群团购有哪些主要组成部分：社群团购往往会有一个团长，来负责连接用户和供应商，组织团购活动，包括选择商品、与供应商谈判、收集订单、协调物流和售后服务等。

通过了解团长在朋友圈或其他渠道发布的商品信息，具有相似的消费需求或兴趣的社群成员便聚集到了一起，再依赖于已有的社群向团长传达群成员的商品偏好，达到一定的数量规模后，团长就可以发起团购活动，而成员们完成支付后等待配送即可。这种集中大批量购买的方式能够有效降低购买成本，让用户以更低的价格得到优质产品，这也是为什么越来越多人愿意加入社群团购。

成功运营社群团购，也需要采取一系列策略。首先，团长要保持选品的敏感性，积极关注相关厂家的价格变动情况，进行比较，为用户提供最优惠的价格。这就要求我们培养自己的影响力、组织能力和服务意识。其次，在社群团购市场竞争日益激烈的情况下，我们也可以提供和其他团长不同的服务。比如，通过适当公开商品采买信息让用户更放心，通过真实的用户评价和良好的售后服务提高社群团购的信任度。然后，开展互动活动，如抽奖、晒单、问答等，也可以大大提高成员的参与度和活跃度。

"之前我们有做过调研，了解用户希望我们进行哪些方面的改善，最后发现，能提供便捷下单流程的小程序、性价比高的产品、靠谱的物流、贴心的售后服务是大多数用户比较关注的几点。所以我们后续的团购服务也会针对这些内容进行优化。"有一年"优秀团长"经验的小刘如是说，"但同时，我也发现了私域流量的运营维护是非常重要的。"

小刘提到的私域流量，其实指的是企业或个人通过社群、公众号、小程序等渠道积累的用户流量，这些流量不受平台规则限制，可以反复利用和深度运营。小刘的思考也是众多团长要长期面临的问题——到底如何通过运营私域流量使得自家的社群团购更有竞争力呢？毕竟，私域流量运营对社群团购的意义主要就在于为团购活动提供稳定的流量来源和高参与度。但不管是哪种渠道的流量，能够拉新促活的落脚点最后一定是优质内容的呈现和有效互动。我们可以通过微信公众号、小程序等提供的私域流量用户数据，进行个性化商品推荐，提高转化率。

  小刘之前的微信用户群从一个星期净增五十人，到一个星期净增只有十来个人，净增人数的减少使得她的团购生意表现得大不如前。她拉取了平台提供的近期数据发现，在某个时间节点，因为她改变了发布活动的频率和方式，社群留存人数便开始大大下降了。找到问题所在后，她立刻做出了相应调整，用户数量也慢慢增多了。

  所以，对于社群运营的一些数据，我们也要及时关注，做出灵活应对。同时，我们也可以在私域流量的多个渠道同步推广团购活动，扩大覆盖面，但一定要注意同步这些平台的折扣信息。如果在不同平台同时开展同类商品的团购活动时推送了不一样的折扣信息，极有可能引起用户的不满。

  此外，我们还可以通过私域流量对用户进行精细化管理，如分类标签、用户画像等，实现精准营销。在私域流量平台内完成团购活动的整个交易闭环，减少用户流失。只有通过持续输出有价值的内容和提供优质的服务，才有可能在私域流量中建立起良好的用户关系，提升用户的忠诚度。这也有助于在开展团购活动时，能够快速地吸引和聚集大量用户参与。

如果运营好了私域流量,那么稳定团购用户群体,提高用户参与度和活跃度,实现精准营销和个性化推荐,实现团购活动的闭环交易也就不成问题了。

第九章 个人 IP 打造与品牌塑造

9.1 什么是个人IP

随着互联网和自媒体行业的迅速发展,越来越多的人踏上了自主创业的道路,实现了"自己给自己打工"的梦想。打造个人IP已经不再是遥不可及的事,做好个人IP可以帮助我们提升个人影响力、职场竞争力。

那么,什么是个人IP?我们要如何做,才能拥有一个属于自己的个人IP?

个人IP,即个人品牌,是一个人专业形象、声誉和影响力的综合体现。它不仅包括个人的专业技能和知识,还涵盖个人的性格特质、价值观、沟通风格以及公众形象。

一个成功的个人IP能够让人们一提到我们的名字,就能联想到我们的专业领域和个人特点,从而在大众中建立起独特而鲜明的品牌形象。除此之外,打造好个人IP还能带来更多方面的好处,比如帮助我们在专业领域树立权威,增加我们的专业影响力,让自己在这个信息爆炸的时代脱颖而出。并且,打造一个成功的个人IP能够让我们在市场中更具竞争力。当客户在众多候选人中选择时,如果我们有一个成功的个人IP,这将是我们最好的名片,可以帮助我们在众多候选人中脱颖而出。

此外，拥有个人 IP 可以帮助我们建立和扩大专业社交网络。通过展示我们的专业知识和技能，吸引志同道合的专业人士，从而建立起强大的人脉资源。这样我们才能获得更多的商业机会，并从中获得更多的收入。比如通过知识变现、品牌代言、咨询服务等方式，将自己的专业知识和影响力转化为实际的经济收益。

既然个人 IP 能带来这么多好处，要如何有效地打造个人 IP 呢？要打造个人 IP，需要从以下三个方面入手：

1. 确认好个人 IP 的定位

明确我们是谁，我们想要展现什么样的形象。找到自己擅长的领域，明确我们的专业技能、价值观和个人特点。例如，我们可以在特定领域中确立独特的专业身份，以便在竞争中脱颖而出。

2. 选择合适的社交媒体平台

根据我们的目标受众，选择合适的社交媒体平台，并发布高质量的内容。在发布期间，注意一定不要去抄袭或者搬运别人的内容，要保持原创性。同时，不断提升自己的专业技能和知识水平，通过在领域内发布文章、参加行业相关活动，扩大自身影响力。

3. 保持持续输出

个人 IP 的打造需要长期的努力和坚持。定期发布高质量的内容，与受众保持互动，能够帮助我们建立并维护个人品牌。持续的内容输出不仅能增加曝光率，还能帮助我们获得稳定的粉丝基础。

一人商业模式

我们先来看一个实际案例，可以帮助我们更好地理解个人 IP 是怎样打造出来的。

刘某是一个来自上海的短视频创作者，她以美食烹饪为主题，创作了大量精美的短视频作品。她的作品不仅展示了中国美食文化，还传递了一种热爱生活、健康美好的生活态度。通过持续的努力和创新，她成功打造了一个具有影响力的个人 IP，并在社交平台拥有两千多万粉丝。

刘某的故事开始于她对美食的热爱，从小她就非常喜欢美食，于是就在家中尝试烹饪各种菜肴，在网络上看到想吃的，就会去钻研学习，甚至去当地学习特色烹饪方法。起初，她只是通过文字和图片在网上分享自己的美食心得，后来越来越多人感兴趣，随着互联网的快速发展，她发现短视频是展示美食的最好方式，于是学习了拍视频的技巧之后，就开始拍摄自己的美食短视频。

起初，她并没有专业的设备和团队，所有的拍摄和剪辑工作都是自己完成的，用手机记录自己的烹饪步骤，精心剪辑成短视频，配上详细的讲解。她的视频不仅展示了美食的制作过程，还融入了她对生活的感悟和对美食文化的理解。这种独特的风格吸引了第一波粉丝。

随着粉丝量的提升，她开始注重视频的质量，她购买了专业的拍摄设备，又深入研究了拍摄的风格，选择用一种比较简约、清新的风格去呈现美食，甚至定期邀请美食专家一起合作。从视频的选题、烹饪、拍摄到剪辑，她都力求做到最好。她的视频呈现出美食诱人的色泽，精美的画面和细致的讲解，让人深陷美食的魅力中无法自拔。

为了扩大影响力,她还积极利用社交平台,在抖音、微博等多个平台发布视频,与粉丝互动,回答他们的问题,听取他们的建议。她还定期举办直播活动,现场进行美食教学,实时解答粉丝的提问。这种亲密互动不仅增强了粉丝的黏性,也进一步提升了她的影响力。

由此可见,打造个人 IP 需要热情、坚持和创新。刘某的成功离不开她对美食的热爱和对视频制作的执着。她不断创新,不断尝试新的内容和形式,始终保持对高质量内容的追求。通过努力,她不仅赢得了粉丝的喜爱和支持,还获得了与许多品牌合作的机会。她与多个知名美食品牌合作,进行产品推广和代言,不仅提升了个人品牌的知名度,还为自己创造了丰厚的收入。

拥有一个独特的个人 IP 能够让我们在人群中脱颖而出。在这个充满机遇和挑战的时代,只要我们有梦想,并且愿意付出努力,就能通过打造个人 IP 实现自己的价值和梦想。

9.2 如何选择合适的领域与方向

看完上一节,我们已经了解了个人 IP 的定义和打造个人 IP 的好处。个人 IP 是提升个人影响力的有效方式，对于我们开展一人商业也有着非常大的帮助。不过，在打造个人 IP 之前，我们还有很长的路要走，在这个过程中，选择合适的领域和方向对个人 IP 的打造至关重要，可以说，方向选对，事半功倍。本节将详细探讨如何选择适合自己的领域和方向，并分享一些具体的策略。

我们需要先确定自身的兴趣爱好。

兴趣是最好的老师。上一节已经提到，打造个人 IP 需要持续的坚持，只有对某一领域非常感兴趣，我们才能够持续地投入时间和精力，从而打造出有影响力的个人 IP。我们如果不确定自己的兴趣爱好，可以按以下步骤来发现它们：

首先，列出自己的爱好。拿出一张纸，把能想到的爱好全部写下来，再从中找出最令自己充满激情的一个或者几个。

之后，评估热情程度。问自己是否愿意在这个领域花大量时间，是否在没有回报的情况下仍愿意坚持下去。

如果我们对现有的兴趣爱好不够确定，也可以通过尝试新事物来发现新的兴趣。参加一些不同类型的活动、课程或社交活动，开阔自己的视野，从中找到我们真正热爱的领域。

除了兴趣和热情，专业技能和知识也是选择领域和方向的重要依据。我们需要选择一个能够充分发挥自己优势的领域，这样才能坚持下去并且走得更远。

我们可以先列出自己的专业技能和知识，然后分析自己在这些领域中是否具有独特的竞争优势，是否能够提供与众不同的价值。

小王是一名资深的程序员，有多年的软件开发经验，他不仅在编程方面有深厚的积累，还在系统架构和项目管理方面有独到的见解。因此，他擅长的技能就是软件开发。于是，他选择了软件开发和编程教育作为自己的个人 IP 方向，通过编写技术博客、发布教程视频以及举办在线研讨会的方式，分享自己的专业知识和经验。

当然，即使我们已经具备了一定的专业技能，也不要停止学习。不断更新和提升自己的技能，保持在行业内的领先地位，可以让我们的个人 IP 更加具有竞争力。与此同时，市场需求和趋势是需要考虑的外部因素。选择一个有市场需求且符合未来发展趋势的领域，可以让我们更容易获得关注和认可。

我们可以先进行一轮的市场调研，通过数据分析、问卷调查和行业报告等方式了解市场需求和趋势。关注行业动态和热点，找出市场上有哪些未被满足的需求和机会。然后，将自己的兴趣和专业技能与市场需求相匹配，找出那些既有市场需求又能发挥我们优势的领域。小李的例子恰恰就能说明这点。

近年来社会竞争压力越来越大，小李注意到大家开始关注心理健康，而他刚好学的是心理学专业，并且在心理咨询方面有丰富的实战经验。于是，他选择了心理健康和自我成长作为自己的个人 IP 方向，通过创作心理学科普文章和视频，来帮助职场人消化负面情绪，提升心理素质。

要注意的是：市场需求和趋势是动态变化的。所以我们的这种调研绝不能"一次收手"，我们需要定期进行市场调研，关注行业的最新发展，及时调整和优化自己的方向和内容策略，以保持竞争力和吸引力。

找到一个独特的切入点，可以让我们的个人IP更具吸引力。通过分析竞争对手的不足和结合自身优势找到独特的切入点，是成功的关键。我们可以先研究竞争对手的内容，找出他们的不足之处，从中汲取经验教训。随后结合自己的兴趣、技能和市场需求，找到自己的独特价值，并以此作为切入点。

比如，同样是拍摄风景的摄影师，大部分摄影师只会关注美景的拍摄和展示，但是我们如果通过拍摄实战教学 vlog，教大家如何拍出最美风景照片，同时加入自己对摄影的理解和感悟，则会让自己的内容更丰富、更具有可看性。

小张是一名专注于饮食健康的营养师，他发现很多人虽然重视饮食健康，但缺乏在繁忙的生活中保持健康饮食习惯的技巧。他将自己的个人IP方向定位为"快节奏生活中的健康饮食"，通过分享健康食谱、简便的营养搭配技巧，以及如何在外出就餐时吃出健康，吸引了大量关注。通过细分市场和满足特定需求，小张成功找到了一个独特且有吸引力的切入点。

选择合适的个人IP领域和方向需要综合考虑个人兴趣、专业技能和市场需求。通过确定兴趣、评估技能、了解市场需求、找到独特的切入点、制定详细内容策略并增强粉丝互动，可以打造出具有辨识度和影响力的个人IP。持续学习和成长，保持初心，拓展合作资源，将帮助我们打造出成功的个人IP。

9.3 从兴趣到职业：变现之路

我们之前反复强调了兴趣对个人 IP 打造的重要性，因为兴趣不仅是个人 IP 发展的核心动力，更是将个人热情转化为职业成功的关键因素。如今，个人 IP 已经发展成为提升个人影响力和职业竞争力的重要工具。而想要将个人的兴趣转化为实际的职业，并通过个人 IP 实现盈利，则需要系统的策略和持续的努力。

在将兴趣转化为职业之前，明确个人兴趣和定位是首要步骤。正如前两节所述，个人兴趣应当与职业目标相结合，从而为个人 IP 的建立奠定基础。只有明确兴趣，才能在后续的步骤中进行有效的品牌建设和内容规划。

而个人 IP 的构建，是将兴趣转化为职业的重要步骤。核心在于展示我们的专业性、独特性和价值观。在构建个人 IP 的过程中，需要注意以下四点。

1. 品牌形象

设计与个人品牌定位一致的视觉形象，包括徽标、配色等。这些要素应与我们的兴趣和品牌定位相匹配，从而在视觉上形成统一性。

2. 品牌故事

讲述一个能够引起共鸣的品牌故事。通过个人经历、成就和价值观，创建一个感人且具有吸引力的品牌故事，增强品牌的情感连接。

3. 内容规划

内容是个人 IP 的核心，制定有效的内容策略能够帮助我们有效地传达品牌价值并吸引目标受众。我们可以根据个人品牌定位和目标受众，制订详细的内容计划。内容形式可以包括文章、视频、音频、图像等，覆盖不同的主题。

4. 内容创作及发布

创作高质量、有价值的内容，展示个人的专业知识和独特见解。内容的质量直接影响到个人 IP 的吸引力。发布时，也要注意选择合适的发布平台，社交媒体是推广个人 IP 的主要渠道，通过这些平台可以与目标受众进行互动，提升品牌的曝光率和影响力。在选择社交媒体平台时，应根据目标受众的特点选择合适的渠道，同时对内容也要进行适当的调整。

当我们有了一定的影响力，就可以让个人 IP 变现。变现的关键在于将其产品化和服务化。通过销售相关产品和提供专业服务，可以实现收入增长。例如：在健康饮食领域，可以开发健康食谱书等产品；在专业服务方面，可以提供职业咨询和培训课程等服务。

内容付费和会员制也是实现盈利的有效方式。

另外，提供高质量的付费内容也是实现变现的另一个方式。如：专业课程、独家文章、专属视频等。如果我们个人IP定位的客群是高层人士，我们也可以通过提供专享内容和服务，通过订阅费或会员费获得稳定的收入来源。同时，广告和赞助也是个人IP盈利的途径之一。通过与品牌进行广告合作，推广其产品或服务，或者寻找赞助商获得赞助费用，都可以获得额外的收入。

下面这个例子可以帮助我们更加清楚地了解个人IP从兴趣发展到职业，并成功实现盈利的过程：

小李最初在传统行业工作，但对时尚和潮流充满热情。每次出去玩，她都会给自己拍一些照片，并且在抖音上分享自己的穿搭和搭配技巧。最初，分享只是为了记录生活和娱乐自身，但她很快发现这些内容受到了广泛关注。

小李意识到这是一个不错的机会，于是开始对自己的兴趣进行明确的定位，将个人IP定位为"实用与时尚结合"的穿搭。她的内容不仅涵盖流行趋势，还关注生活中实用的时尚搭配技巧。这一定位满足了受众的实际需求。

与此同时，小李积极与在广告公司做设计师的朋友沟通，为自己的个人IP设计了一套统一的视觉效果，使内容显得更加专业、更加吸引人。此外，她制订了详细的内容发布计划，内容涵盖了时尚搭配、美容技巧和生活建议等方面，每周定期发布时尚搭配视频，并结合抖音平台的活动、节日热点话题，推出特别策划内容，保持了内容的多样性和持续性。这种稳定的发布频率和及时的热点跟进帮助她保持了较高的人气。

在个人 IP 账号有了更多粉丝之后，她开始有收入了。主要通过与品牌合作获得广告收入，还通过电商平台销售自己的时尚搭配系列，实现盈利。她还推出了会员制，提供一对一的搭配建议和私人定制内容，有了稳定的收入来源。

小李的成功案例展示了从明确兴趣到建立品牌、制定内容策略、利用平台推广，再到实现盈利的过程，她的经历为从兴趣到职业的个人 IP 变现提供了宝贵的经验。

将兴趣转化为职业的变现之路是个人 IP 打造的核心过程。明确兴趣，建立个人品牌，制定内容战略，利用推广渠道，最终实现盈利，这一过程充满挑战，但也充满机遇。随着数字化时代的发展，个人 IP 的未来一片光明，抓住机会，就能实现自己的商业梦想。

9.4 形象包装：
宣传的本质是包装升级

只听说过物品需要包装，人的形象也需要包装吗？

没错，这种形象包装可不仅仅是表面上的美化，而是对个人 IP

核心价值的精细打磨和传达。有效的形象包装能够提升品牌辨识度、增强品牌影响力，从而更好地吸引目标粉丝。通过系统的形象包装，可以使个人 IP 更具吸引力和专业性，从而实现更高的品牌价值和盈利潜力。在进行个人 IP 形象包装时，需要注意以下五个关键方面，以确保形象塑造的有效性。

1. 形象定位

形象定位决定了 IP 的核心价值和市场定位。明确的形象定位可以帮助我们在众多竞争者中脱颖而出。形象定位的内容不仅包括我们的专业领域和目标粉丝，还涉及我们的品牌愿景和使命。

例如，之前曾提到的服装搭配博主小李，她就将个人 IP 定位为"实用与时尚结合"的穿搭风格，这一定位成功满足了时尚爱好者对实用性与美观性的双重需求。

再比如某美妆博主，她的个人 IP 定位是"你身边的朋友"，所以她会在自己的视频中插入一些关于日常的"碎碎念"，或是个人的奇思妙想。原本枯燥的美妆视频有了这些内容，一下子就变得独特又吸引人，该博主视频的浏览量迅速增加。

2. 视觉形象

视觉形象是个人 IP 最直观的表现，视觉元素应当传达品牌的核心价值，并且在所有渠道上保持一致性。专业的视觉设计不仅能够提升品牌形象，还能增强品牌的专业性和可信度。

比如我们涉及的是传统文化领域，那就可以选择红黑配色，采用比较古朴、有东方文化韵味的造型；如果涉及的是旅行领域，那就用轻松、舒适的风格，用充满活力的橙色和清新的青色、蓝色进行撞色，就能给人以活力满满的感觉。

3. 品牌故事

品牌故事是形象包装的核心之一。讲述个人经历、成就和价值观，容易与粉丝建立情感连接。一个打动人心的品牌故事可以使品牌形象更加立体和真实。例如，作家王某通过分享自己的成长经历和对社会的观察，塑造了一个具有独特见解且有深度的品牌形象，吸引到了一些跟他思想有共鸣的读者，并增强了双方的情感纽带。

这种品牌故事的塑造，其实在创业者中更为常见。尤其是对于我们这种一人商业从业者来说，完全可以通过社交媒体分享自己的创业经历和品牌创立初衷，讲述一个关于追逐梦想和坚持不懈的故事。这样的品牌故事很容易吸引到有相似经历的特定人群，会进一步增强品牌的吸引力。

4. 内容风格

内容风格指的是在发布内容时所采用的表达形式、语言语调等。这一风格应该与 IP 定位和品牌故事相一致，以保持 IP 形象的一致性。比如：科技博主的风格一般是比较严谨的，同时又会有一些幽默风趣；而搞笑视频博主则大多会用较为夸张的表现方式，以塑造自己充满趣味的品牌形象。

当然，我们也可以在此基础上进行创新，给用户一种"反差感"。比如深圳卫健委的公众号，堪称官方公众号里特别的存在，在科普健康知识的专业基础上，时而调皮，时而温暖，时而正经，以独特的风格在网络上走红。

5. 市场趋势

在做个人 IP 形象包装时，我们也是需要了解市场趋势和竞争对手的。市场调研可以帮助我们找出自己的独特定位和价值点。通过分析竞争对手的品牌形象，我们可以找到自己的差异化优势，并据此制定包装策略。

比如，我们想做美妆博主，就可以先进行一番调研。经过调研后，我们可能会发现：虽然市场上有很多美妆博主，但专注于自然妆容的博主较少。那么，我们就可以将自己的形象包装为"自然美妆专家"，通过制作自然妆容的教程和分享产品使用心得，就能成功塑造一个清新自然的形象，凭借这份与众不同"杀出重围"。

我们一起来看一个实际的例子，体会这种形象包装：

微博上有两个"网红"博主，她们做的是美食及家居好物分享的相关内容。做同类内容的头部"网红"很多，而且她们的内容并不够垂直，美食做得没有美食博主那样专业，好物分享也是涵盖各种品类，不够精准。

于是这两位博主开始进行品牌故事塑造，她们是相处十余年的闺蜜，经常在微博、微信公众号发布她们的友情故事、人生经历。这些充满真情实感的内容很快引起了大量粉丝的关注，很多粉丝会在评论区分享自己的故事，两个博主也会积极地在评论区与这些粉丝进行互动。与此同时，两个博主经常在微博上发起转发、评论抽奖活动，还会定期给经常互动的粉丝送一些礼物，有意识地增加与粉丝的互动。

久而久之,两个博主的账号变得越来越红火,她们的美食和好物分享也有了故事性,比如"今天给闺蜜做顿饭,犒劳她一下""给闺蜜送的礼物盘点"等。她们的视频流量和带货销量都在节节攀升,她们也成为知名博主。

形象包装不仅是个人IP的外在展示,更是品牌核心价值的深入挖掘和精准传达。有效的形象包装能够帮助个人IP在竞争激烈的市场中"杀出重围",吸引更多目标受众的关注,从而推动品牌走向成功并实现盈利目标。

第十章 小本经营与『网红』打卡地

10.1 小本经营的创业模式

在这个快节奏的社会，每个人的工作压力都很大。市场竞争激烈，没有人知道下一个风口会是什么。对于很多初创企业或者资金不充裕的创业者来说，大额投入的风险太大。这时候，小本经营就显现其优势了。它不仅降低了创业的门槛，还让我们有机会在试错中学习和成长。

如何利用小成本副业，让生活更加丰富多彩呢？今天我们就来聊聊小本经营，看看它是如何为年轻人的生活带来转机的。首先我们要知道什么是小本经营。

小本经营，顾名思义，就是投入成本较低的商业模式。它可以是我们的副业，甚至可以是我们创业的起点。无需庞大的资金投入，只需要找到一个有市场需求的领域，以自己的兴趣爱好或者技能为基础，巧妙地融入商业元素，便能轻松开启小本经营之旅。

简单来说，就是不用砸大钱，就能把生意做起来。在"互联网+"的时代背景下，很多小本经营的生意都是通过线上、线下相结合，实现了从小到大的飞跃。比如那些开在社区的小吃店、便利店，通过微信、美团等平台，把生意做到了全国各地。只要选对路子，小本经营也能干出大名堂。

小本经营往往有以下三个特征：

1. 灵活多变

小本经营的最大特质就是灵活性，可以根据市场变化快速调整策略。相较于传统的朝九晚五工作，小本经营给予了人们更大的自由度。人们可以根据自己的兴趣和爱好来选择经营的项目，不再受制于固定的职业框架。这种自主性让他们能够更加享受工作的过程，同时也更容易在市场中找到自己的定位。

2. 轻装上阵

这意味着小本经营往往是投入少、风险低的。小本生意的启动资金相对较低，对于创业者来说是一个不小的优势。在资金有限的情况下，我们可以通过小本经营来积累经验和资金，逐步扩大规模。这种渐进式的创业方式，既能够降低风险，又能够让人在实践中不断学习和成长。

3. 口碑营销

由于规模不大，小本经营一般都靠口碑和用户回头率维持着。现代社会的消费观念也在发生变化，尤其是年轻人会更加注重口碑和网络风向，不管想干什么可能都会先去网上搜索、了解一番，而小本经营往往能够更好地满足这一需求。可以通过有创意的产品和服务，以及独特的营销策略，来吸引用户的目光，从而在市场中脱颖而出。

别看小本经营成本低，它的前景可是相当广阔的。尤其是对于年轻人来说，它是一个既能发挥自身兴趣爱好，又能赚钱的好方法。

小布目前是一家甜品店的老板，每天接单不断，尤其是到了端午、中秋这样的节日，更是忙得飞起。她本来是一名计算机专业的大学生，因为自己爱吃甜品，所以经常购买各家蛋糕店的甜品。但蛋糕店做出来的甜品总是让她感觉差了点儿意思，要么过于甜腻，要么口感太差。于是小布便买了些材料，尝试自己做蛋糕，做得好了也会分享给同学们尝尝，一来二去，就有人出钱买她做的甜品。

大三那年，她正式开始在朋友圈卖起了甜品，因为用料实在、味道好，生意源源不断。转眼到了大学毕业，同学们都开始找工作了，她也租了一间小店面，做起了实体店，自己既是员工也是老板，能赚钱，时间也更自由。

通过小本经营的方式，小布真正实现了用自己的兴趣爱好赚钱，从线上走到线下，稳扎稳打。虽然中间因为房租涨价换过店铺位置，但是线上、线下结合的售卖方式让她的甜品得到了更多人的喜欢。经过几年的努力，她不仅积累了一定的资本，还开了第二家店铺。

从小布的经历我们不难看出，小本经营的优势显而易见：首先是灵活性高，年轻人一般思维活跃、创意无限，小本经营可以让他们充分发挥自己的想象力，将创意转化为商业价值。其次是风险一般较小,由于投入成本低,即使失败了也不会造成太大的损失,这对于初入商海的年轻人来说是一个很好的选择。最后就是市场需求大了,毕竟现在人们越来越注重个性化、定制化的服务,小本经营正好可以满足这一市场需求。

当然,任何事物都有两面性,要想在小本经营的道路上取得成功也并非易事,它的难点也很明显。首先,虽然小本经营投入成本低,但市场竞争同样激烈,要想在市场中脱颖而出,需要有一定的创意和独特的经营模式。其次,对于很多人,尤其是年轻人来说,管理一个店铺或开展副业需要学习很多新的知识和技能,这包括财务管理、人力资源管理等各方面的知识。最后也是最重要的一点:要想赢得用户的信任和忠诚度,需要保证产品的品质和服务的质量。这需要我们在产品制作和服务的过程中,付出更多的努力和心血。

小本经营非常适合有创业梦想、勇于尝试的人。他们可以通过小本经营,实现自己的创业梦想,同时获得经济收益。此外,对于一些家庭来说,小本经营也是一种不错的兼职或副业选择,可以在不影响主业的情况下,增加家庭收入。

总之,小本经营以其独特的商业模式和优势,成为社会经济发展的重要力量。它不仅为创业者提供了机会,还为用户带来了更多的选择和便利。

10.2 如何结合线上、线下资源

如果你觉得小本经营只需要考虑线下,那就大错特错了。小红书上经常会有一些人发布"种草笔记",吸引着大批用户前往店铺打卡,让店铺的销量倍增。这类社交媒体平台催生了许多"网红店铺"。因此在现代商业环境中,线上和线下资源的结合已经成为成功创业的重要策略之一。

特别是对于小本经营者而言,通过有效整合线上和线下资源,可以最大化利用有限的资源,扩大品牌影响力,增加用户流量,提高销售额。

在线上营销策略方面,社交媒体营销依然是重中之重,如微博、抖音、快手、小红书、大众点评等平台,都是推广小本经营的重要工具。我们可以定期发布与产品相关的高质量图片、视频和文字,展示产品的特色和使用场景。或是举办线上互动活动,如抽奖、限时优惠、发粉丝福利等,增加用户的参与感和忠诚度。必要的时候,也可以通过直播展示产品的使用方法和效果,与观众实时互动,提高购买率。

此外,与一些电子商务平台的合作也是必不可少的。我们可以与淘宝、京东、美团等电商平台合作,开设线上店铺或团购活动,吸引线上用户到线下店铺消费。同时为了方便用户,提升服务体验,可以在店铺网站或微信公众号上提供线上预约和支付功能。比如让用户通过线上平台提前预约服务，如餐饮定位、美容护理等，避免排队等候，提升用户满意度。又或者提供多种支付方式，如支付宝支付、微信支付、抖音支付等，方便用户进行线上支付，提升消费便利性。

我们也可以通过线上平台收集用户数据，分析用户行为和偏好，了解用户的消费习惯，进行精准推送和个性化服务，提高用户的转化率和复购率。

至于线下活动策划方面，一开始我们可以举办一些线下体验活动，如产品试用、体验日等，让用户亲身感受产品的优点和特色。可以参与一些流量较大的市集，增加曝光率。值得注意的是，我们必须确保活动现场有足够的产品样品和工作人员，以提供良好的服务体验。

同时也要通过线上渠道宣传活动信息，吸引更多用户参与。这种线上、线下互动活动相较于纯线上或纯线下活动来说，更能树立品牌的口碑，提升用户满意度和忠诚度。比如我们可以组织线上活动，如抽奖、互动游戏等，吸引用户到线下店铺领取奖品或参与活动，提升线下客流量。

在我们的小本经营发展到一定阶段后，还可以建立起店铺的会员体系：一方面可以通过线上平台发展会员，提供会员专享优惠和服务，增强用户黏性；另一方面也可以定期举办会员专属活动，如会员日、会员聚会等，提高用户的忠诚度。到达这一阶段后，其实我们也可以开始考虑与其他品牌或商家合作，举办联合推广活动，共享用户资源，扩大影响力了。

在我们刚起步时难免有"蹭流量"的嫌疑，只有在我们有一定话语权后，才能更方便地洽谈合作。当然，在进行联合推广时，选择合适的合作伙伴绝对是第一要素，我们必须选择与自身品牌定位相符的合作伙伴，确保双方用户群体有一定的重合度。接下来要跟对方共同策划活动和执行，如联合促销、跨界合作等，增加活动的吸引力。

小张在市区开了一家特色咖啡店，店内环境优雅，咖啡品质上乘。但由于店铺位置较偏，初期客流量不高。为了提高知名度和客流量，小张决定结合线上和线下资源进行推广。

首先，小张在抖音和微信公众号上开设了账号，定期发布店铺环境、咖啡制作过程、顾客体验、每日特饮推荐等图文内容和短视频，通过有趣和高质量的内容吸引了大量粉丝的关注。此外，小张还联系了本地的几名"网红"，请他们到店体验，并在社交媒体上分享体验感受，进一步扩大了店铺的知名度。

小张还在微信公众号上推出了线上预约功能，顾客可以提前预约座位，避免高峰期排队等候。同时，店内提供微信支付和支付宝支付，方便顾客结账。通过微信公众号收集的顾客数据，小张了解到顾客的消费习惯和偏好，针对不同用户群体进行精准推送。例如：每周五下午推送优惠券，吸引用户周末来消费；在新品上线时，向常客推送新品介绍和试饮活动信息，提高顾客的购买意愿。

小张也会定期组织线上、线下互动活动，例如在微信公众号上开展抽奖活动，中奖者可以到店免费品尝新品咖啡；推出咖啡制作体验活动预告，让用户预定名额、领取电子优惠券。这些活动不仅提高了线上平台的人气，还增加了线下店铺的客流量。同时，在线下活动中，引导用户关注社交媒体账号和小程序，形成良性循环。最后，小张还推出了会员卡，给会员提供专属优惠，提高用户的忠诚度。

通过有效结合线上和线下资源，小张的咖啡店迅速在本地市场站稳了脚跟，客流量和销售额稳步上升，成为一家颇受欢迎的"网红"咖啡店。

结合线上、线下资源，是小本经营成功的关键之一。线上营销，可以扩大品牌的影响力，吸引更多的潜在用户；线下活动，可以提供良好的用户体验，提升复购率；二者相结合，可以形成良性循环，提高品牌的知名度。在实际操作中，需要根据自身品牌和产品的特点，灵活运用线上、线下资源，不断创新和优化营销策略，实现业务的持续增长。

10.3 打造特色"网红"打卡地的方法

路过一个看起来不起眼的店铺，但是门口却排了很长的队伍。非景区的一家店铺，门口有大量供人拍摄的布景。

别惊讶，你一定是遇到了"网红"店铺！

有人提起"网红"这个词就反感，但不可否认的是，打造特色"网红"打卡地是吸引顾客、提升品牌知名度和增加客流量的有效途径。在当今时代，一个独特、富有吸引力的打卡地，能够迅速通过用户的分享传播，成为热门话题和旅游胜地。而这对于我们这些想利用小本经营开启个人商业的人来讲，打造"网红"打卡地，是吸引流量的最佳方式之一。

要如何打造这种"网红"店呢？我们可以尝试从以下五个方面入手。

1. 独特的主题设计

主题设计是"网红"打卡地的灵魂。一个具有鲜明主题和独特装饰的场所，能够迅速吸引游客的注意。比如，某咖啡店以复古工业风为主题，使用老旧木质家具、铁质吊灯和复古海报装饰，营造出浓厚的怀旧氛围，吸引了大量喜欢怀旧风格的用户前来打卡。

你如果没什么思路，那么可以以当地的文化和历史为主题，打造具有浓郁地方特色的打卡地。例如，北京的南锣鼓巷，以其独特的胡同文化和老北京风情吸引了大量游客。

或者我们还可以结合当前的时尚潮流，设计现代感强、时尚元素丰富的场景，吸引年轻人前来拍照打卡。例如，上海的田子坊，以其独特的艺术氛围和时尚设计，成为"网红"打卡地。此外，针对特定兴趣群体设计主题也是个不错的主意，如宠物咖啡馆、动漫主题店等，会吸引很多特定群体的粉丝前来打卡。

2. 搭建拍照场景

创意的互动体验设计是吸引游客拍照打卡的关键，我们先从最基础的拍照场景搭建说起。首先，在颜色搭配上，我们可以尽量使用鲜明的色彩搭配，打造视觉冲击力。比如，某冰淇淋店使用粉红色和浅蓝色作为主色调，营造出甜美梦幻的氛围，吸引了众多年轻女孩前来拍照打卡。其次，我们还可以利用独特的装饰元素，如大型雕塑、互动装置、艺术画作等，打造富有创意的场景，增加场所的趣味性和独特性。比如，某餐厅在墙壁上设置了巨大的翅膀壁画，用户站在壁画前拍照，仿佛长出了翅膀，这成为该餐厅的标志性打卡点。

3. 富有趣味的活动和体验

此外，设计富有趣味和互动性的体验项目，也能增加游客的参与感，提升打卡地的吸引力。定期举办主题活动，是吸引用户的重要手段。比如，某花店在情人节举办"情侣花艺制作"活动，情侣们可以在店内学习制作花束，并享受浪漫的氛围，吸引了众多情侣前来参与。

在活动主题方面，根据季节特点举办活动是最基础的，如春季举办花卉展览、夏季举办户外烧烤派对等，吸引用户参与。此外，在重要节日我们也需要举办对应的活动，如新年派对、感恩节晚宴等，营造节日氛围，吸引用户前来庆祝。

定好主题后，就要考虑如何给用户提供独特的互动体验，让用户在体验中感受到乐趣了。比如，我们可以设置一些互动装置，如触摸屏、互动投影等，让游客能够参与其中，增加拍照和分享的乐趣。深圳的梦幻森林就以其互动投影和光影效果，吸引了大量游客前来体验。

我们还可以设计一些趣味性强的体验项目，如DIY工作坊、互动游戏等；也可以提供各种体验课程，如烘焙、绘画、花艺等，让用户在学习中享受乐趣，并拍照记录体验过程。比如，某手工艺品店提供DIY手工制作体验，用户可以亲手制作工艺品，并带走自己制作的作品，增加了用户的参与感和满意度。设置互动游戏区也是个不错的方式，可以举办一些如射箭、套圈等操作简单的小游戏，让用户在游戏中放松心情，增加娱乐性和趣味性。

4. 社交媒体推广

使用了上面这些方法后，下一步自然就是开始推广，让更多人知道我们的店铺了。社交媒体平台的推广，是吸引用户的重要手段。我们经常会看到，某餐厅在抖音上发布用户在店内拍摄的创意短视频，吸引了大量粉丝前来打卡。

推广的第一步就是先做好自己的账号，毕竟不管用何种方式引流来的用户，一定都会到店铺主页浏览一下的。所以我们需要定期发布高质量的图片和视频内容，展示店铺的独特设计和活动，吸引潜在用户的关注。

想要吸引更多人，不妨试试举办一些线上的互动活动，如拍照比赛、打卡挑战、点赞抽奖等，鼓励游客前来打卡并分享他们的照片和体验。这一步的关键就是鼓励用户在社交媒体上分享他们的体验，这是增加曝光率的重要手段。我们可以设置一些对应的奖励机制,如分享即赠送小礼品或优惠券等,增加用户分享的积极性。

当然,跟一些"网红"的合作也是必不可少的,他们的粉丝数量庞大,可以帮助我们提高品牌的知名度。比如,邀请一些本地或外地的"网红"前来打卡体验,通过他们的社交媒体平台进行分享和推广,吸引他们的粉丝前来打卡,这可以让店铺迅速成为"网红"打卡地。

5. 持续优化和创新

做完了上面几步,可别想着就能一劳永逸了。在如今这个市场,故步自封会被早早淘汰,尤其我们这种本身就是靠流量起家的"网红"店铺更是如此。所以我们需要定期更新店铺的装饰和活动,来保持新鲜感和吸引力。比如,根据季节特点更换装饰和主题,如春季布置花卉、夏季布置海洋元素等,吸引用户反复前来打卡。

此外,我们也不能忘记用户反馈和数据分析的力量。收集和分析用户反馈,是不断优化和改进服务的基础。如果是一家餐厅,就可以通过问卷调查和社交媒体评论了解用户的需求和建议,并根据反馈来调整菜品,提高用户满意度。

这就要求我们要提供多种反馈渠道,如问卷调查、社交媒体评论、用户意见箱等,便于用户提出建议和意见。同时要对收集到的反馈数据进行分析,找出用户关注的重点和问题,并制定相应的改进措施。

小美在市区开了一家艺术咖啡馆,希望通过独特的设计和互动体验,吸引更多年轻人前来打卡。经过潜心调研和设计,小美的咖啡馆将主题确定为"梦幻森林",店内布置了大量的绿色植物和艺术装饰,营造出如同置身于梦幻森林中的感觉。每个角落都充满了自然和艺术的气息,吸引了大量游客前来拍照。

小美特别注重色彩的搭配,店内的家具和装饰以清新自然的绿色和温暖的原木色为主,营造出温馨和谐的氛围。同时,她还布置了多个拍照打卡点,如大型植物墙、艺术装置等,每个拍照点都设计得极具创意和美感。

为了增加游客的参与感,小美设计了多个互动体验项目,如DIY手工制作、互动投影等。游客可以在咖啡馆内制作自己的手工艺品,或参与互动投影游戏,增加了拍照和分享的乐趣。小美还邀请了本地的知名"网红"前来体验,"网红"在抖音和小红书上分享体验,迅速提升了咖啡馆的知名度。她还通过社交媒体平台举办了多次拍照比赛和打卡挑战活动,吸引了大量游客前来打卡并分享他们的体验。

通过独特的主题设计、新颖的空间布局、趣味的互动体验和有效的社交媒体推广,小美的艺术咖啡馆迅速成为本地的"网红"打卡地,吸引了大量游客前来体验和拍照。小美的成功经验告诉我们,充分利用线上和线下资源,结合创意和互动体验,能够有效提升打卡地的吸引力和知名度。

打造特色"网红"打卡地,是小本经营中吸引用户、增加曝光率的重要手段。通过独特的视觉设计,富有趣味的活动和体验,强有力的线上推广,以及持续优化和创新,可以不断提升店铺的吸引力和竞争力。在实际操作中,需要根据自身品牌和产品的特点,灵活运用这些方法，不断创新和优化营销策略，才能激烈的市场竞争中脱颖而出，取得成功。

10.4 小型餐饮店、美容院、花店等案例分析

上面说的"网红"店铺其实只是一个统称，对于小本经营来说，有非常多的表现形式，比如打印店、零食店等。在当前市场环境中，小型餐饮店、美容院、花店等具有较大的发展潜力和广泛的市场需求。通过创新的经营模式和有效的营销策略，这些小本经营项目同样可以取得显著的成功。接下来我们分析几个实际的例子，看看如何通过特色经营和创新营销，实现小本经营的成功。

1. 小梅的幸福煎饼

幸福煎饼是一家位于市中心的煎饼店，老板小梅在创业前曾是一名 IT 工程师，因为厌倦了朝九晚六且经常加班的生活，决定开一家自己的小店。她选择了投资相对较少的小型餐饮店，并以特色煎饼为主要产品。

小梅的煎饼店定位明确，她将自己的店铺定位为健康、美味、快捷的早餐和小吃，目标用户是上班族和学生。这些人几乎时刻离不开手机和电脑，所以小梅在店内设置了舒适的用餐环境，提供免费Wi-Fi和充电插座，吸引用户在店内用餐和休息。

为了区别于市场上的其他煎饼店，小梅在煎饼的口味和配料上进行了创新。她推出了多种独特口味的煎饼，如菠菜鸡蛋煎饼、牛油果鸡肉煎饼等，受到了用户的欢迎。幸福煎饼还通过线上平台，如美团、饿了么进行外卖销售，扩大了用户群体。同时，店内提供扫码点餐和支付服务，提高了点餐效率。

小梅非常重视用户的反馈，她会定期进行问卷调查和回访，了解用户的需求和建议，并根据反馈不断改进产品和服务。例如，针对用户提出的煎饼口感偏硬的问题，小梅就调整了煎饼的制作工艺，改善了口感。她还经常会举办一些促销活动，如买一份送一份、四人同行一人免单等。这些活动让店铺越来越火爆，不管是上班族还是学生，都会带着自己身边的人，一起前往幸福煎饼用餐。

你如果也想像小梅一样，开一家小型的餐饮店，那么一定要注意这两项事项：首先，小型餐饮店的选址非常重要，应选择人流量大、目标用户集中的位置，如写字楼附近、学校周边等。此外，要注重食品安全。小梅在食材的采购、加工和储存等环节严格把关，确保每一份煎饼的质量。我们的店铺也应如此，确保食品的安全和卫生，是餐饮店经营的基本要求。

2. 小美美容院

  小美美容院是一家位于社区中的美容店，老板小美曾在大型美容机构工作多年，积累了丰富的美容护理经验。她在辞职后，决定开一家属于自己的美容院，为社区居民提供便捷的美容服务。由于目标用户是社区居民，那么提供价格适中、效果显著的美容服务就是美容院的重点了。小美根据社区居民的需求，推出了多种美容护理项目，如面部护理、身体按摩、减肥塑形等。

  对于居民来说，前往这种社区美容院主要就是图一个方便，所以小美美容院也通过微信和小程序提供线上预约服务，方便用户随时随地进行预约，提高了服务效率和用户满意度。并且，小美也非常注重服务质量，在服务后，她会询问用户的满意程度，确保每一位用户都能享受到专业、细致的服务。她还根据用户的反馈，不断改进服务流程和项目。

  为了增加用户的黏性，小美美容院推出了会员制度，会员可以享受折扣、赠品和优先预约等特权。小美还定期举办会员活动，如免费体验日、会员沙龙等，增强会员的归属感。在经过几个月的累积后，小美美容院的生意越来越火爆，附近的居民一提起美容护理，第一时间就能想到小美的店铺，小美也凭此实现了自己一人商业的成功。

  那对于这类美业店铺，又有哪些注意事项呢？首先，美容行业技术更新快，大家的审美和健康理念也在不断更新。这就要求我们必须定期参加行业培训，学习新的美容技术，了解新的产品，保持竞争力。另外，服务与口碑也是需要注意的一环，美容行业的用户会有很多定制化的需求，可能这个人想补水，那个人想美白。所以我们也要重视用户管理系统，可以用它记录每位用户的美容护理情况和偏好，并根据这些数据提供个性化的服务，提高用户的满意度和忠诚度。

3. 春风花艺店

春风花艺是一家位于居民区的花店，老板春风是一位花艺爱好者，在自己开店前，她也曾在多个花艺工作室工作过。不过给人打工总不如给自己打工，于是她凭借自己的花艺技能和对花艺的热爱，开设了这家春风花艺店。

春风的花店以花艺设计和定制花束为特色，提供婚礼花艺、节日花艺、家庭花艺等多种服务。她根据不同的节日和用户需求，设计了许多独特的花束和花艺作品，深受用户喜爱。

由于鲜花有着不易保存的特点，所以控制库存和提高销量是非常重要的。春风与多家花卉供应商建立了合作关系，确保花材的新鲜和品质。除了精准计算进货数量外，春风还尝试通过线上销售来增加销量。她通过淘宝、美团等平台进行线上销售，拓展了用户来源。对于社交媒体的力量，春风也没有忽视，她还在抖音开设了直播课堂，教授花艺制作，吸引了大量粉丝和潜在用户。在重要节日（如情人节、母亲节）期间，春风花艺推出了多种节日花束和礼盒，并通过社交媒体进行推广，吸引了大量订单。

线上引流虽然重要，但线下的良好体验更重要。除了保证鲜花的质量和美观度外，春风还在店内设置了一个花艺体验区，用户可以亲自动手制作花束和花艺作品，这大大增加了互动性和趣味性，附近的年轻情侣和带娃的家庭都很喜欢来体验。

当然，想开一家花店还是有许多注意事项的，其中最重要的就是花材管理了。就像案例中所说的那样，花店的花材容易枯萎，我们需要做好花材的采购和管理工作。此外，跟美容行业类似，鲜花行业的用户也有着许多定制化的需求，比如送长辈、送朋友、送爱人，都有不同的标准。所以对于这种有个性化需求的用户，服务至关重要，我们必须注重与用户的沟通，了解他们的需求和喜好，提供个性化的花艺服务，才能提高用户的满意度和忠诚度。

这些成功的案例展示了在小本经营领域，如何通过独特的经营模式和营销策略，有效提升品牌知名度和顾客满意度。分析上述案例，我们可以看到，小型餐饮店、美容院和花店在经营中都有其独特的成功经验。不过，虽然行业不同，但是一些成功要素和注意事项却是共通的：

1. 成功要素

首先，每个案例中的店铺都有明确的市场定位和目标用户，这确保了经营方向和策略制定不会出现偏差。其次，产品的独特性也是打造差异化、吸引用户的重要因素。有特色、有创意的产品，可以提高店铺的市场竞争力和用户的吸引力。

此外，优质的服务是吸引和留住用户的重要因素，我们需要通过不断改进服务质量，才能提高用户的满意度和忠诚度。在这个互联网时代，线上的力量也不容忽视，线上销售和线下体验相结合的方式，可以让我们拓展销售渠道和用户来源，提高经营的灵活性和市场覆盖率。

2. 注意事项

首先要考虑的就是店铺的选址了，选址正确是小本经营成功的关键因素之一，想要在这方面取得成功，我们需要选择人流量大、目标用户集中的位置。对于吸引来的用户，我们也应格外重视，否则会影响店铺的复购率及口碑。通过有效的用户管理系统，我们可以记录和分析用户的需求和偏好，提供个性化的服务和体验。

另外，持续创新也是非常重要的，只有持续进行产品和服务创新，才能让我们保持市场竞争力和用户的新鲜感。最后也是最重要的，就是成本控制，总不能开到最后"竹篮打水一场空"。在经营过程中，需合理控制成本，确保经营的可持续性和利润率。

在小本经营中，许多创业者都会选择小型餐饮店、美容院或花艺店作为自己的创业项目。这些店铺具有投资小、见效快、灵活度高的特点，是初次创业者的理想选择。餐饮、美容、花艺等行业具有广阔的发展前景，只要善于结合线上、线下资源，打造特色服务和产品，便能够在激烈的市场竞争中脱颖而出，获得持续的商业成功。希望这些案例和分析能为小本经营者提供有价值的参考和借鉴，助力大家在创业路上取得成功。